Pumpkin & Co

Ein Kürbiskochbuch

Inhalt

SCHNELL Buch & Druck
Warendorfer Lieblingsbücher

Impressum
Pumpkin & Co - Ein Kürbiskochbuch
Rezepte: Andrea Oppermann
Illustrationen: Hildegard Johanna Seeger
Saatgut: www.kuerbisclub.ch in Basel. Buttercup, Jack Be Little, Connecticut Field, Delikata, Spagettikürbis.
Verlag: SCHNELL GmbH & CoKG
Oststraße 24, 48231 Warendorf
Herstellung: Burlage Druck + Einband, Warendorf-Freckenhorst
ISBN 3-87716-764-0
Warendorf 2003

Faszination Kürbis

Pumpkin. Schon mal gehört? - Richtig, es geht um Kürbis! Pumpkin ist der englische Begriff dafür.

Warum Kürbis? Vor etlichen Jahren fing es mit einem allerersten Kochbuch an, das meine Mutter mir schenkte. Der hier übliche Kürbis war mir nicht unbekannt. Doch Einlegen, Brot backen oder eine Suppe kochen reichte mir schon lange nicht mehr aus. Und dann dieses Buch! Die vielen Sorten übten von der Optik schon eine Faszination aus. Aber so richtig packte es dann die ganze Familie, als er doch immer mehr in die Küche kam. Praktisch alles kann verzehrt werden. Losgelassen hat uns auch nicht mehr die dekorative Vielfalt! Weltweit gibt es in der Familie der Kürbisgewächse über 800 bekannte Sorten.

Den „Rest“ haben uns dann auch noch zusätzlich die Informationen über seinen Inhalt gegeben. Denn: Als wenn das nicht alles schon genug wäre; er ist auch noch überaus gesund!

Weiß, grün, gelb, orange, pink, blau, grau, gestreift, gefleckt, gerippt, glatt, stachelig, genoppt, lang, rund, breit, hoch, 100g schwer oder mehrere 100 kg schwer - so können die „Riesenbeeren" sein. Die Farbe des Fruchtfleisches ist so unterschiedlich, wie sein Duft. Berechtigterweise erlebt der Kürbis zur Zeit eine wahre Renaissance.

In jedem Jahr widmen wir uns dem Kürbis eine lange Zeit. Von der Aussaat bis zur Ernte ist fast alles Handarbeit.

Die „Faszination Kürbis" lässt uns seit Jahren nicht mehr los, so dass wir zur Zeit in Schleswig-Holstein uber 200 Sorten anbauen.

Anbau

Im Freiland sollte eine direkte Aussaat erst nach den Eisheiligen (Mitte Mai) vorgenommen werden. Empfehlenswert ist dies in unseren Breitengraden aber nicht unbedingt, da z. B. ein Nachfrost den Pflanzen und Keimlingen schon das Ende bereiten kann.

Um den Pflanzen einen Wachstumsvorschub zu geben, empfiehlt sich immer eine Vorkultur mit etwas Anzuchtsubstrat. Entweder auf der Fensterbank, oder im Gewächshaus. In die Töpfe mit 10 cm Durchmesser gibt man ein bis zwei Kerne. Austrocknen muss hierbei vermieden werden. Nach 8-10 Tagen bei einer Temperatur von ca 20 Grad sollte bereits ein erstes Wachstum zu beobachten sein.
Im Vierblattstadium können die Setzlinge dann gepflanzt werden, aber nicht vor Mitte Mai. Der Standort sollte möglichst sonnig sein. Ein lockerer humusreicher Boden und eine ausreichende Wasserzufuhr (keine Staunässe) sind ebenso erforderlich, wie eine Düngergabe

nach ca 4 Wochen. Im Fachhandel gibt es hierzu eine entsprechende Beratung.

Ein Überdüngen sollte vermieden werden.

Weiter muss auf den Unkrautbewuchs geachtet werden. Gerade in der ersten Zeit des Wachstums kann das die Kürbispflanze erheblich schwächen.

Um den Arbeitsaufwand einzuschränken, können hierbei verschiedene Überlegungen angestellt werden: Auslegen von Mulchgut (z.B. altes Stroh, muss aber abgelagert/dunkel sein), oder das Auslegen eines Mulchvlieses.

Vorteil bei der Ernte: Die Früchte sind sauberer.

Ernte

Der Zeitpunkt der Ernte richtet sich nach der angebauten Sorte. Folgende Kriterien sind hierbei zu beachten: Hat die Frucht schon 1. die entsprechende Größe, 2. das entsprechende Gewicht, 3. die entsprechende Farbe, 4. die entsprechende Form? Weiter ist sehr wichtig der Stiel. Wird hierbei eine gewisse Festigkeit und ein verholzen/verkorken beobachtet, kann man davon ausgehen, dass der Kürbis erntefähig ist. Weiter ist wichtig, dass die Schale fest ist. Die Prüfung mit einem Fingernagel sollte keine großen Spuren hinterlassen. Das trifft grundsätzlich zu, besonders aber gerade auch beim Zierkürbis. Eine Ausnahme stellen die Zucchinis (Sommerkürbis) dar. Sie sollten glänzend und jung geerntet werden.

Nach der Ernte sollten die Früchte einige Tage nachreifen. Die Haltbarkeit wird dadurch erhöht. Die Lagerung sollte trocken bei ca 15 Grad Raumtemperatur erfolgen.

Sorten

1.)Blue Hubbard (C.Maxima) Grau/blau. Zitronenförmig. Aus USA. Bis 18 kg. Gut lagerfähig Fleisch: Gelb/orange.

2.)Muscade de Provence (C.Moschala) Gerippt. Dunkelgrün, reift bronzefarben nach. Aus Frankreich. Fleisch: orange/rot. Gut lagerfähig.

3.)Gigant Bottle. (Langenaria/Kalebasse) Bis 6 kg. Schöne Flaschenform.

4.)Tristar (C.Maxima) Schwach gerippt. Interessante Form. Gräulich. Fleisch dunkelgelb und fest. Kommt aus den USA. Kann 1 Jahr gelagert werden.

5.) Queensland Blue (C.Maxima) Australien. Bis 5 kg. Grau/Blau. Stark gerippt. Kann 7-8 Monate gelagert werden. Fleisch dunkelgelb.

Botanik

Kürbis zählt zu den ältesten Kulturpflanzen überhaupt. Grabfunde in Mexiko lassen sich z.T. auf 9000 v. Christi datieren.
Botanisch zählt er zu den Beerenfrüchten. In vielen Ländern der Welt gilt er als Symbol für Gesundheit und Fruchtbarkeit.

Die Gattung der Speisekürbisse wird als Cucurbita bezeichnet. Dort gibt es verschiedene Unterteilungen:
C.maxima(Winterkürbis),C.pepo(Sommerkürbis), C.Moschata und die Langenaria (Flaschenkürbis).
Womit nur einige wichtige genannt sind.
Ein Winterkürbis zeichnet sich durch eine harte Schale aus und wird vollreif geerntet, während ein Sommerkürbis (z.B. Zucchini) eine weiche Schale hat und eher unreif geerntet wird.

In den folgenden Sortenbeschreiben ist aus Platzgründen nur eine kleine Auswahl getroffen worden.

Cucurbita pepo:

Butterstick (Zucchini gelb), Black Beauty (Zucchini grün), Gem (rund, s. Sortenküche), Pattissons (Zucchini,flach,Ufos), Zierkürbisse, Vegetable Spagetti (s. Sortenküche), Delikata (s. Sortenküche), Puccini + Sweet Dumpling + Baby Boo + Sweety Pie (s. Sortenküche), Acorns (s. Sortenküche) und mehr.

Cucurbita maxima:

Buen Gusto (grün u. runzelig, Italien)
Marina di Chioggia (grün, runzelig, Italien)
Chicago warted Hubbard (grün, genoppt, zitronenförmig, USA)
Windsor Black (Grün, gerippt, 20 kg, Australien)
Buttercup (grün, bis 2 kg, USA)
Bleu de Hongrie (grau/blau, rund, Ungarn)
Jarrahdale (Grau, gerippt, Australien)
Triamble (grau, dreieckig, gerippt, Australien + Frankreich)
Blue Ballet (grau/blau, 2,5 kg, USA)
Lumina (weiß, bis 5 kg, USA)
Flat White Boer (weiß, leicht gerippt, Südafrika)
Golden Hubbard(Zitronenform,rot/orange,USA)
Lakota (rot/orange/grün,3 kg,Sioux-Indianer)

Uchiki Kuri (roter Hokkaido)
Rouge Vif d'Etampes (roter Zenter, Frankreich)
Golden Nugget (s. Sortenküche)
Galeux (Erdnusswarzen, bis 20kg, Frankreich)
Pink Banana (länglich, Rosa, 20kg, USA)

<u>Cucurbita moschata:</u>
Long Island Cheese (beige, glatt, USA)
Sucrine du Berry (birnenf., grün, Frankreich)
Futsu Black Rinded (runzelig, braun, Japan)
Early Butternut (längl, beige, glatt, Birne, USA)

<u>Langenaria Kalebassen (Flaschenkürbisse):</u>
Gigant Bottle (Flaschenform, hell)
Corsischer Teller (flachrund, hell)
Speckled Swan (Flaf., dunkelgrün/gesprenkelt)

Kalebassen brauchen sehr viel Wärme. Oft wachsen Sie in den Tropen. Sie dienen als Transportgefäß und Musikinstrument. Einige Sorten sind jung geerntet für die Küche geeignet. Getrocknet sind sie über Jahre haltbar.

Kürbis in der Ernährung

Der Kürbis gilt (in vielen Sprichwörtern) rund um den Globus als wahrer Gesundbrunnen. Er ist reich an Ballaststoffen und wirkt dadurch entwässernd. Gifte werden im Körper gebunden und ausgeschieden. Positiv wirkt er zur Entlastung der Bauchspeicheldrüse und senkt den Blutfettspiegel. Er ist reich an Vitamin C, Vitamin E, Kalium, Magnesium und Zink. Auch gibt es Sorten, die besonders viele Karotinoide (mehr als Möhren) enthalten. Zusätzlich stärkt er das Immunsystem. Dabei enthält er nur sehr wenig Kalorien. Je nach Sorte sind es zwischen 20 und 36 auf 100 g Fruchtfleisch.

Nicht umsonst findet der Kürbis auch immer öfter seinen Platz in der Zubereitung von Säuglingsnahrung.

Kürbiskerne und das Öl

Ein ganz besonderes Kuriosum ist der Ölkürbis. Dieser Kürbis produziert Kerne ohne die „Schale“. Vorwiegend wird er in der Steiermark in Österreich angebaut.
Konzentriert findet man wertvolle Biostoffe wie: Magnesium, Kalium, Selen, Zink, Vitamin A, Vitamin B, Vitamin E, Chlorophyll, Carotinoide, Eisen und Phosphor.
Mehrfach ungesättigte Fettsäuren vervollständigen das Bild. Es stärkt das Immunsystem. Nieren- und Blasenleiden, Haut- und Haarproblemen und sogar bei Herzrhythmusstörungen können positive Wirkungen erziehlt werden.
Das Kernöl wird auch das „grüne Gold“ genannt. Und das nicht nur, weil es gesund ist. Es hat einen grandiosen Nussgeschmack. In dem Rezeptteil des Buches werden Sie feststellen, dass ich oft mit dem Kernöl oder den Kernen koche.
Tipp: Erwerben Sie es bei einem Händler Ihres Vertrauens, denn Kernöl ist nicht gleich Kernöl. Im Kühlschrank ist es über Wochen haltbar.

Herstellung von Kürbismus

Hierzu gibt es verschiedene Möglichkeiten.

1.) Im Backofen; der gereinigte Kürbis wird hierzu in größere Stücke geteilt, von den Kernen befreit und mit der Fleischseile nach oben auf ein Backblech gelegt. Bei 170° Umluft ca 20 Min gegart. Etwas abgekühlt kann er leicht von der Schale befreit werden. Das Fruchtfleisch wird entsprechend püriert

2.) Im Dampfdrucktopf; der vorbereitete Kürbis (ohne Schale und Kerne) wird in Stücke schnitten. Mit ca 2 cm Wasser 7-8 Min gegarl, dann entsprechend püriert.

3.) Im Kochtopf; der vorbereitete Kürbis (ohne Schale und Kerne) wird gestückelt und mit Wasser weichgekocht. In einem Sieb abtropfen lassen und pürieren.

Vorräte

Einfrieren

Vorbereitetes Kürbismus kann beliebig eingefroren werden. In einem Gefrierbeutel geben, dazu flachdrücken und verschliessen. Vorteile: Es taut schneller auf und man kann für kleinere Mengen auch einmal Stücke abbrechen. Kürbis kann aber auch gerieben, gestückelt oder gestiftet in Gefrierbehältern eingefroren werden.

Die Weiterverarbeitung zu Marmeladen, Chutneys, Relish und Eingelegtem bietet weitere Möglichkeiten zur Konservierung. Tipp: Man hat so dann auch ein schnell einmal ein schönes Geschenk, statt Blumen!

Getrocknet werden Kürbisstücke und -stifte bei 55° Ober und Unterhitze im Backofen einige Stunden. Aufbewahrt werden muss in einem gut verschlossenem Gefäß (luftdicht).

Abkürzungen

Essl = Esslöffel
Tl = Teelöffel
P = Packung
Kg = Kilogramm
G = Gramm
Std = Stunde
l = Liter
ml = Milliliter
Msp = Messerspitze
gew = gewürfelt
gem = gemahlen
ger = geraspelt
geh = gehackt

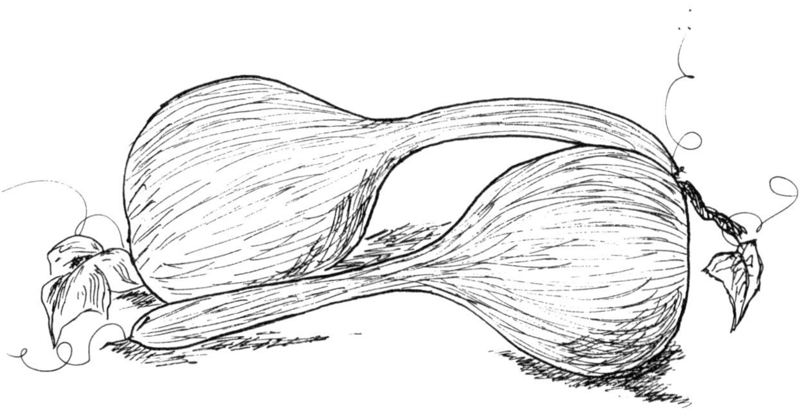

Zu den Rezepten

Die Mengenangaben beziehen sich immer auf 4 Personen, sofern nicht anders angegeben.

Verwendete Sorten: Zum Teil sind spezielle Sorten angegeben. Diese eignen sich für das entsprechende Rezept besonders gut. Nehmen Sie aber in erster Linie die Sorte, die Ihnen auch zur Verfügung steht. Das gilt auch für die Rezepte, bei denen keine Sorten angegeben sind. Sollte es sich hierbei um „Melonenkürbisse", wie z.B. Gelber Zentner, Atlantic Gigant o.ä. handeln, muss bedacht werden, dass Sie mehr Wasser und weniger Stärke enthalten.

Nun soll es aber wirklich losgehen. Viel Spaß beim Ausprobieren!

Salatzauber

Eisbergpower

1 kleiner Eisbergsalat, 200 g geraspelter Kürbis, 3 Essl geröstete Kürbiskerne, 3 Essl Kürbiskernöl, 2 Essl Balsamicoessig, 1 Spritzer Süßstoff.

Den Eisbergsalat von den äußeren Blättern befreien, halbieren und den Strunk auslösen. Kleinschneiden und in eine Salatschüssel geben. Die Kürbisraspel dazugeben und mit den Kernen bestreuen. Das Kernöl mit dem Essig und dem Süßstoff aufschlagen und kurz vor dem Servieren über den Salat geben.

Tipp: In kleinen Portionsschüsseln angerichtet, kann es eine wunderbare Einleitung für ein Menue sein.

Rotkohlsalat

350 g Rotkohl, 2 Äpfel in Stiften, 200 g Kürbis geraspelt, 8 getrocknete Aprikosen gehackt, 50 g Rosinen, 4 Essl Kürbiskerne angeröstet.
Dressing: Saft einer Orange, 4 Essl Kürbiskernöl, 1 Essl Apfel- oder Honigessig, Pfeffer, Kräutersalz.

Rotkohl abspülen und die äußeren Blätter entfernen. Je nach Bedarf grob raspeln oder dünn hobeln. Rotkohl, Äpfel, Aprikosen, Kürbis und Rosinen mischen. Die Zutaten für das Dressing miteinander vermischen und aufschlagen. Über den Salat geben und etwas ziehen lassen. Kurz vor dem Servieren mit den Kürbiskernen bestreuen.

Tipp: Etwas geröstetes Toastbrot dazu reichen.

Allerleisalat

200 g gekochtes Hähnchenfleisch, 125 g Krabben, 150 g Kürbis (Klassisch eingelegt), 200 g frische Champignons in Scheiben, 3 Scheiben Ananas, 1 Dose Mandarinen.
Dressing: 1 Becher Creme Fraiche, 3 Essl heller Balsamicoessig, 1 Tl Senf mittelscharf, 1 Tl Curry, 1 Essl Johannisbeergelee, Salz, Pfeffer, 1/8 l geschlagene Sahne. Etwas frische Petersilie.

Das Hähnchenfleisch in kleine Würfel schneiden und mit den Krabben in eine Schüssel geben. Den abgetropften Kürbis in kleine Würfel schneiden. Ananas in kleine Stücke teilen. Krabben, Kürbis, Champignons, Ananas und abgetropfte Mandarinen zu dem Hähnchenfleisch und den Krabben geben und vorsichtig vermengen. Für das Dressing Creme Fraiche, Essig, Senf, Gelee vermengen und aufschlagen. Mit den Gewürzen abschmecken und die geschlagene Sahne unterheben. Vorsichtig vermengen und mit Petersilie garnieren.
Tipp: Lecker! Kann super ein Menue einleiten!

Tomatenzauber

450 g Kürbisfleisch in kleinen Stiften, 4 feste Tomaten, 1 Zwiebel gewürfelt.
Dressing: 200 g Kefir, 4 Essl Sahne, Kräutersalz, 1 Tl Zitronensaft, 2 Essl Ahornsirup, Pfeffer.
Minze oder Petersilie zum garnieren.

Tomaten achteln und dabei die grüne Mitte entfernen. Kürbisfleisch mit Tomaten und Zwiebel in eine Schüssel geben. Kefir mit Sahne, Kräutersalz, Zitronensaft, Ahornsirup und Pfeffer mischen und über das Gemüse geben. Mit Kräutern garnieren.

WRK-Salat

450 g Weißkohl fein gehobelt, ½ TL Salz, 450 g Rettich in kleinen Stiften, ½ TL Salz, 500 g Kürbisfleisch geraspelt.
Dressing: 50 ml Rotweinessig oder Brombeeressig, 2 Essl brauner Zucker, Schnittlauch, Dill, 50 g Kürbiskerne geröstet, 5 Essl Kürbiskernöl.

Weißkohl mit ½ TL Salz mischen. Separat ebenfalls den Rettich mit ½ Tl Salz mischen. 2 Stunden ziehen lassen. Danach beides zusammen in einem Tuch auswringen uns dabei die Flüssigkeit auffangen. Gemüse mit dem Kürbis in einer Schüssel mischen. Für das Dressing die aufgefangene Flüssigkeit mit Essig und Zucker aufkochen und etwas abkühlen lassen. Über das Gemüse gießen. Schnittlauch, Dill und Kürbiskernöl dazugeben und mit Kürbiskernen bestreut servieren.

Tipp: Lässt sich gut vorbereiten. Dressing aber erst kurz vor dem Servieren dazugeben.

Ruccolavariation

1 große Portion frischen Ruccola, 125 g Walnüsse, 150 g Kürbis Süß-Sauer eingelegt. Dressing: 4 Essl Kürbiskernöl, 1 Essl flüssiger Honig, 1 Essl Zitronensaft.

Den Ruccola waschen und gut abtropfen. Auf 4 kleinen Tellern den Ruccola anordnen. Walnüsse leicht in der Pfanne anrösten. Den Kürbis in kleine Würfel schneiden und gut abtropfen lassen. Kürbiswürfel auf dem Salat anordnen und die Walnüsse etwas zerkleinert darauf verteilen. Für das Dressing alle Zutaten miteinander aufschlagen und kurz vor dem Servieren daruber geben.

Tipp: Statt Kürbiskernöl kann man auch gut Walnussöl nehmen. Walnüsse kann man auch mit Kürbiskernen austauschen.

Kokosbirne

400 g Kürbisfleisch grob geraspelt, 3 saftige und feste Birnen, 2 Essl Kokosflocken.
Dressing: 4 Essl Sonnenblumenöl, 1 Essl Ahornsirup, 2 Essl Zitronensaft, etwas frisch geriebener Ingwer.

Zuerst wird in diesem Rezept die Marinade hergestellt. Dazu werden alle Zutaten vermengt und miteinander aufgeschlagen. Das geraspelte Kürbisfleisch wird in eine Schüssel gegeben. Die Birnen in Stifte schneiden. Kürbis und Birnen miteinander vorsichtig vermengen. Das Dressing darüber geben und mit Kokosflocken bestreut servieren.

Kürbiskartoffelsalat

600 g Kartoffeln, 4 Schalotten in Scheiben, je 1 rote und grüne Paprikaschote in kleinen Würfeln, 4 Essl Olivenöl, 2 Tl Senf, 1 Essl Zitronensaft, 1 Tl Rotweinessig, 1 Tl brauner Zucker, 200 g Kürbis süß-sauer eingelegt, Salz, Pfeffer, 1 gehäufter Essl Petersilie gehackt.

Kartoffeln mit der Schale kochen. Pellen und in Scheiben schneiden. Schalotten, Paprika hinzufügen. Den eingelegten Kürbis in mundgerechte Stücke schneiden und zu dem Gemüse geben. Aus Olivenöl, Senf, Zitronensaft, Essig, Zucker, Salz und Pfeffer eine Marinade aufschlagen und zum Salat geben. Vorsichtig alles miteinander vermengen. Gut durchziehen lassen. Mit Petersilie bestreut servieren.

Herbstzauber

150 g Kürbiskerne geröstet, 250 g Rotkohl, 250 g Steckrüben, 250 g Kürbisraspel, Salz, ½ Eisbergsalat, 8 Champignons, 100 g Gouda geraspelt.
Marinade: 3 Essl Honigessig, 1 Tl Honig, Pfeffer, 6 Essl Kürbiskernöl.

Rotkohl, Steckrüben vorbereiten und in dünne Streifen hobeln. Kürbis dazugeben und etwas Salz einstreuen. Vermengen und ziehen lassen. Die Marinade aus den angegebenen Zutaten herstellen und das Gemüse darin wenden. Den Eisbergsalat in Streifen schneiden. Die Champignons je nach Größe halbieren oder in Scheiben schneiden. Pilze und Salat zum Gemüse geben und vermengen. Mit Kürbiskernen und Gouda bestreut anrichten.

Krautsalat

500 g Weißkohl (geputzt gewogen), 200 g Kürbis, 4 Stangen von einem Staudensellerie.
Dressing: 2 Essl Zucker, ½ Tl Salz, Balsamicoessig nach Geschmack, Pfeffer, Sonnenblumenöl.

Den Weißkohl in dünne Streifen hobeln, 200 g Kürbis raspeln, den Sellerie in dünne Stücke schneiden. Alles in eine entsprechende Schüssel geben und mit Zucker, Salz, Balsamicoessig, Pfeffer und Sonnenblumenöl kräftig vermengen.

Ein Salat der zu vielen Gelegenheiten passt!

Tipp: Statt Sellerie kann auch Paprika verwendet werden.

Ungarischer Salat

200 g grüne Paprika in Streifen, 200 g rote Paprika in Streifen, 1 Gemüsezwiebel in Ringen, 300 g Tomaten in Scheiben, 200 g Kürbis in Stiften, 150 g ungarische Salami in kleinen Scheiben, 2 Essl Schnittlauch geschnitten.
Dressing: 125 g Creme Fraiche, 3 Essl Joghurt, 2 Essl Öl, 1 Essl Kräuteressig, Salz, Zucker, Paprika.

Paprika, Zwiebeln, Tomaten und Kürbis in eine Schüssel geben. Das Dressing aus den angegebenen Zutaten herstellen. Mit Salz, Zucker und Paprika abschmecken. Über den Salat gießen. Erst kurz vor dem Servieren den Schnittlauch und die Salami dazugeben.

Dieser Salat passt auf jedes Buffet!

Tipp: Wer mag, kann auch Knoblauch an die Marinade rühren. Mit frisch gebackenem Baguette kann dieser Salat auch ein vollständiges Abendessen sein.

Snacks & andere Delikatessen

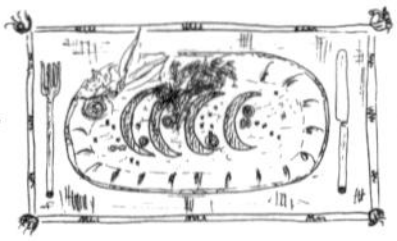

Frittierte Kürbisscheiben

400 - 500 g Kürbisscheiben ca 1 cm dick, Fett für den Topf (oder Friteuse).
Panade: 1 ½ Tassen Mehl, 1 Tl Salz, ¼ Tl Pfeffer, 1 Essl geschmolzene Butter, 3 geschlagene Eigelb, 1 Tasse schales Bier.

Mehl, Salz, Pfeffer, Butter, Eigelb miteinander verrühren. Nach und nach das Bier dazugeben. Fett erhitzen. Kürbisscheiben in dem Teig wälzen und im Fett ausbacken. Auf einem Küchenkrepp kurz abtropfen lassen.

Tipp: Dazu einen Knoblauchquark oder eine Schmandcreme reichen.

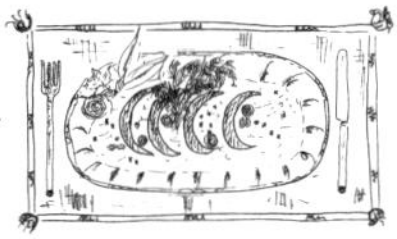

Knoblauchscheiben

500 g Kürbisfleisch in 2 cm dicke Scheiben, 6 Knoblauchzehen, 8 Blätter frischer Salbei, 1/8 l Olivenöl, Saft von einer Zitrone, Salz, Pfeffer.

Kürbis mit Salz bestreuen und 1 Stunde stehen lassen. Anschließend mit einem Küchenkrepp die Flüssigkeit abtupfen. Salbei waschen, trockentupfen und klein schneiden. Knoblauch von der Schale befreien und sehr fein hacken. Das Olivenöl portionsweise erhitzen und den Kürbis von jeder Seite 2 Min braten. Auf Tellern oder auf einer Platte anrichten. Salbei, Knoblauch und Zitronensaft im noch heißen Öl kurz anschwitzen, dabei ständig umruhren. Alles über dem Kürbis verteilen und mit Salz und Pfeffer würzen.

Kräutermuffins

125 g geraspelter Kürbis, je 2 Essl gehackte Petersilie und Schnittlauch, 1 Zwiebel gewürfelt, 100 g gekochter Schinken gewürfelt, 220 g Mehl, 40 g Haferflocken, 1 Backpulver, Salz, Pfeffer, 1 Ei, 50 ml Sonnenblumenöl, 25 g geriebener Emmentaler, ¼ l Milch. Salatblätter zum Garnieren.

Mehl, Haferflocken, Backpulver in eine Schüssel geben und mit Salz und Pfeffer mischen. In einer seperaten Schüssel das Ei aufschlagen mit Kürbis, Kräuter und Schinken mischen. Öl, Käse und Milch dazugeben. Beide Schüsselinhalte grob miteinander vermischen. Den Teig esslöffelweise in Papierformen für Muffins geben. Bei 180° 20-25 Min Ober- und Unterhitze backen. Noch handwarm auf Salatblätter gesetzt servieren.

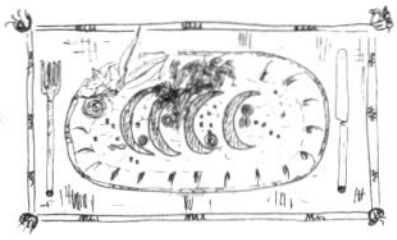

Gebratener Obstgartenkürbis (aus Kreta)

1 kg Kürbis, Salz, 1 Tasse Mehl, Olivenöl zum Braten, 3 Essl Zitronensaft.

Kürbis in 2 cm dicke Scheiben schneiden. Mit Salz bestreut einige Zeit stehen lassen. Das Fruchtwasser sollte in deutlich sichtbarer Menge austreten. Die Scheiben in Mehl wenden und im heißen Olivenöl von beiden Seiten braten. Sobald die Scheiben gebraten sind herausnehmen und das Bratenöl mit dem Zitronensaft ablöschen und über den Kürbis gießen. Sofort servieren!

Dieses Rezept wurde mir freundlicherweise zur Verfügung gestellt vom:
Obslgarlen Wiemersdorf, Thomas und Tamara Jörck. Sie brachten es aus dem sonnigen Kreta nach Schleswig-Holstein.

Tipp: Ein besonderer Genuss, wenn beim Ablöschen noch etwas gehackter Knoblauch hineingebeben wird.

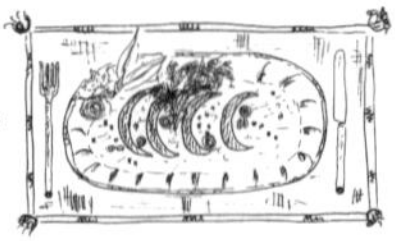

Kürbispommes

1,5 kg Kürbis, ca 1 l Pflanzenöl, Gewürzsalz. Mayonnaise: 1 Ei, 1 Tl Senf, ½ Tl Salz, 1 Tl Zitronensaft, 1 Tl Zucker, Pflanzenöl.

Den Kürbis waschen. Von der Schale und den Kernen befreien. In Pommesstifte schneiden. Das Öl in einem Topf erhitzen und die Pommes Portionsweise fertig stellen. Für die Mayonnaise alle Zutaten unbedingt bei Zimmertemperatur verarbeiten. Dafür Ei, Senf, Salz, Zitronensaft, Zucker mit einem Passierstab auf höchster Stufe aufschlagen. Öl in kleinen Mengen (tröpfchenweise) zufügen, bis die Creme die gewünschte Konsistenz hat. Die Pommes noch heiß mit der Creme anreichen.

Tipp: Unter die Mayonnaise können auch etwas Joghurt oder Kräuter gerührt werden.

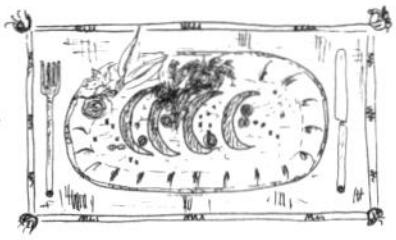

Anchovisschiffchen

Ca 450 g Kürbisfleisch, etwas Ölivenöl, eine Dose Anchovis, Balsamicoessig, Pfeffer.

Kürbis in kleine Schiffchen von ca 1,5 cm Dicke schneiden.
In Olivenöl von beiden Seiten ausbacken. Auf ein mit Backpapier ausgelegtes Backblech legen. Mit den Fischfilets belegen. Mit Essig beträufeln und Pfeffer bestreuen. 12 Min bei 180° Ober- und Unterhitze überbacken. Warm servieren!

Tipp: Zu diesem Entree kann man sehr gut einen trockenen Weißwein servieren! Alles lässt sich sehr gut vorbereiten.

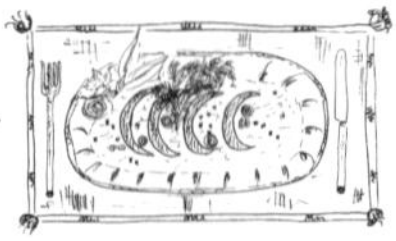

Mozzarellascheiben

Ca 450 g Kürbisfleisch, Pflanzenöl, 100 g dünnen Schinken oder gekochten Schinken, 200 g Mozzarella, Parmesan, Pfeffer.

Das Kürbisfleisch in ca 1,5 cm dicke Scheiben schneiden. In Öl in der Pfanne von beiden Seiten braten. Die Scheiben auf ein mit Backpapier ausgelegtes Backblech legen. Schinken auflegen und mit Pfeffer bestreuen. Mozzarella in dünne Scheiben schneiden und darauf verteilen. Mit Parmesan bestreuen. Darauf achten, dass der Parmesan nur auf den Mozzarella gestreut wird. Im Backofen bei 180° ca 15 Min überbacken.

Tipp: Richten Sie die Menge der Zutaten nach dem Anlass aus. Ist eine Vorspeise, ein Snack, oder mit evtl etwas Salat und frischem Brot ein Hauptgericht? Alles ist möglich!

Suppenzauber

Tabascosuppe

1 kg Kürbis gewürfelt, 100 g Zwiebeln gew, 40 g Butter, Salz, Tabasco, 1 l. Gemüsebrühe, 1 Bund glatte Petersilie, 100 ml Schlagsahne, 1 Becher Creme Fraiche, frisch geriebene Muskatnuss.

Kürbis in der Brühe weichkochen. Mit einem Passierstab pürieren. Zwiebeln separat in der Butter glasig dünsten und zu der Suppe geben. Sahne und Creme Fraiche unterrühren und mit Tabasco, und Muskatnuss abschmecken. Mit Petersilie garniert servieren.

Verwendete Sorten: Blue de Hongrie, Hokkaido, Hubbards, Marina di Chioggia, Potkin.

Kürbiskernsuppe

1 l Fleischbrühe, 200 g Kürbiskerne, 1 Becher Sahne, 1 Becher geschlagene Sahne, Salz, Pfeffer, Kürbiskernöl

Kürbiskerne in einer Pfanne leicht rösten und auskühlen lassen. In einer Moulinette o. ä. sehr fein zerkleinern. 3 Tl davon abnehmen. Die Kerne in den Topf zur Fleischbrühe geben und flüssige Sahne hinzufügen. 10 Min leicht köcheln lassen. Mit Salz und Pfeffer abschmecken und portionsweise in Suppentassen geben. Jeweils eine „Straße“ Kürbiskernöl hinzufügen. Geschlagene Sahne auf die Suppe setzen und mit Kernen bestreuen.

Tipp: Servieren Sie hierzu ein gut temperiertes Glas Riesling!

Die Suppe ist ein Genuss, daran hat das Kürbiskernöl einen wesentlichen Anteil!

Spargelhof Schäfer- Suppe

500 g Kürbis gewürfelt, 750 ml Brühe, 1 Zwiebel fein gewürfelt, 1 Tl Butter, Salz, Pfeffer, ca 1 Tl Curry, 150 g Schmand.

Kürbis mit der Brühe zum Kochen bringen. In der Zwischenzeit die Zwiebel in der Butter dünsten. Sobald der Kürbis weich ist, in der Brühe pürieren. Zwiebeln und Schmand unterrühren. Mit Salz und Pfeffer abschmecken.

Tipp: Als Garnierung eignen sich hervorragend Röstzwiebeln. Anreichen mit etwas geröstetem Weißbrot.

Dieses Rezept wurde mir freundlicherweise zur Verfügung gestellt vom: Spargelhof Schäfer in Wiemersdorf.

Gewürzsuppe

750 g klein gewürfeltes Kürbisfleisch, 4 Tassen abgekochte Milch, 2 Essl Butter, 2 Essl brauner Zucker, Salz, Pfeffer, Muskat, Zimt, Safran, 1 Tasse gewürfeller+gebratener Schinken.

Kürbisfleisch in Wasser weichkochen. Über einem Sieb abtropfen lassen. In einen Topf geben. Milch, Butter, Zucker, Salz, Pfeffer, Gewürze zufügen und abschmecken. Gut erhitzen, aber nicht kochen. Zum Schluss den Speck zugeben.

Ungewöhnlich, aber sehr lecker!

Pumpkinsoup Southwesternstyle
(Original amerikanisches Rezept)

2 Essl Butter, 2 Tl gem Kümmel, 1 Tl Oregano, 2 geh Knoblauchzehen, ½ gewürfelte rote Paprikaschote, 2 Tassen gekochten und pürierten Kürbis, ca 2 Tassen Milch, 1 kl rote Zwiebel gewürfelt, 2 grüne Chillischoten sehr fein gewürfelt, Salz, ½ Tasse sehr fein geschnittener grüner Salat (Romano oder Eisberg), ½ Tasse geriebenen würzigen Käse, Tortilla Chips.

Butter in einem Topf erhitzen. Kümmel, Oregano und Knoblauch zugeben. Gut verrühren und vom Herd nehmen. Fünf Minuten ziehen lassen. Bei schwacher Hitze Paprika, Kürbis und Milch zugeben und verrühren. Zwiebel, Chillischoten hinzufügen und eine Minute ziehen lassen. Mit Salz abschmecken. Auf Teller füllen und mit Salat und Käse bestreuen. Die Chips dazu reichen.

Tipp: Wenn man es nicht so scharf mag, einfach weniger Chillischote nehmen! Dazu passt hervorragend ein gut gekühltes Bier.

Apfelsuppe

500 g Kürbisfleisch gewürfelt, ½ l Wasser, ½ l Apfelwein oder Apfelsaft, Zitronenschale, 1 Becher Sahne, Salz, Zimt, Ingwer, Paprika, Zucker. Etwas geschlagene Sahne zum Garnieren.

Kürbis in Wasser und Apfelsaft weichkochen. Mit einem Passierstab pürieren. Sahne und Zitronenschale zugeben. Mit Salz, Zimt, Ingwer und Paprika abschmecken. Nach Bedarf auch etwas Zucker. Die Suppe schmeckt leicht süßlich, doch durchaus eine Spur herzhaft. Mit einer Sahnehaube garniert servieren.

Gelber Zentner- Suppe

Je 300 g gewürfelt: Kürbis, Wurzeln und Kartoffeln. Instandbrühe, Salz, Pfeffer, 1 Becher Sahne, etwas geschlagene Sahne zum Garnieren.

Kürbis, Wurzeln und Kartoffel in einem Topf mit Wasser bedeckt zum Kochen bringen. Sobald das Gemüse weich gekocht ist, mit einem Passierstab fein pürieren. Sahne zufügen und mit Salz, Pfeffer und Brühe abschmecken. Mit Sahnetupfen garniert servieren.

Verwendete Sorten: Gelber Zentner, Atlantic Gigant, Roter Zentner u.ä., da diese Sorten nicht so stärkehaltig sind. Über die Kartoffel erhält man einen volleren Geschmack. Wer mag kann auch mit einer Spur Curry abschmecken. Auch eine „Straße" Kürbiskernöl passt hierzu.

Weinsuppe

500 g Kürbisfleisch gewürfelt, ¾ l Hühnerbrühe, 1 Becher Sahne, 2 Zwiebeln gewürfelt, ¼ l Weißwein, 4 Essl Orangensaft, 2 Essl Zitronensaft, Salz, Pfeffer, Ingwer, Muskat, 4 Essl geröstete Kürbiskerne.

Kürbis und Zwiebeln mit einem Schuss Sahne anschmoren. Mit Brühe ablöschen. Weichkochen. Mit einem Passierstab pürieren.
Sahne, Wein und Säfte hinzufügen. Unter Rühren die Gewürze zufügen und abschmecken. Vor dem Servieren mit Kürbiskernen bestreuen.

Bananen - Curry - Suppe

400 g Kürbis gewürfelt, 2 Bananen, 750 ml Hühnerbrühe, 20 g Butter, 1 gewürfelte Zwiebel, 1 Knoblauchzehe zerdrückt, 1 Tl Curry, 1 Tl Kurkuma, Salz, Pfeffer, 100 ml Sahne. 4 Essl Kürbiskerne gehackt.

Kürbis mit Brühe zum Kochen bringen. Sobald er weich ist, mit einem Passierstab pürieren. 1 Banane zerdrückt einrühren. In einem seperaten Topf die Zwiebel in der Butter andünsten. Ebenfalls zur Suppe geben. Mit Knoblauch, Curry, Kurkuma, Salz, Pfeffer und Sahne abschmecken. Die zweite Banane in dünne Scheiben schneiden und dazugeben. Mit Kürbiskernen bestreut servieren.

Rustikale Partysuppe

3 Essl Olivenöl, 250 g Hackfleisch, 100 g Kabanossi in Scheiben, 200 g Zwiebeln gewürfelt, 200 g Kürbis in Stiften, 4 Knoblauchzehen sehr fein gehackt, 250 g Paprikaschoten in Streifen, 1 Dose Rote Bohnen, 3 Essl Tomatenmark, ¼ l Rotwein, ¼ Wasser, Instandbrühe, Salz, Zucker, Chillipulver, Paprika.

Hackfleisch in Olivenöl anbraten. Kabanossi, Zwiebeln und Bohnen dazu geben und etwas köcheln lassen. Knoblauch, Kürbis, Paprika zufügen.
Mit Wasser und Wein auffüllen. Tomatenmark unter Rühren zugeben. Mit Instandbruhe, Salz, Zucker, Chillipulver und Paprika abschmecken.

Tipp: Dazu passt wunderbar auch ein frisches Weißbrot.

Kartoffel-Kürbissuppe nach Biolandart

10 große Kartoffeln in Würfeln, 1 mittlerer Hokkaido gewürfelt, 3 Zwiebeln gewürfelt, 1 Bund Petersilie gehackt, 4 Brühwürfel, 1 Becher Creme Fraiche, ½ Becher Sahne, Kräutersalz, Pfeffer, Olivenöl, Balsamicoessig nach Geschmack. 1 kleines Ciabattabrot.

Olivenöl in einem Topf erwärmen und Zwiebeln darin glasig dünsten. Kartoffel- und Kürbiswürfel 5 Minuten darin mitdünsten. 1 ½ l Wasser erwärmen, darin die Brühwürfel auflösen und das Gemüse damit ablöschen. Weitere 25-30 Min köcheln lassen. Anschließend pürieren. Die Sahne und Creme Fraiche einrühren. Mit den Gewürzen nicht zu knapp abschmecken. Essig nach Geschmack. Ciabattabrot in kleine Würfel schneiden. Olivenöl erhitzen und Brotwürfel darin rösten. Petersilie dazugeben und die Suppe mit den Brotwürfeln bestreut servieren.

Das Rezept stammt vom Obstgarten Wiemersdorf.

Annelises Kräuterrahmsuppe

600 g Kürbis gewürfelt, 1 Zwiebel gewürfelt, 1 Stange Porree in Ringen, Instandbrühe, Salz, Pfeffer, 200 g Kräuterschmelzkäse, 100 ml Sahne, 2 Essl gehackle Petersilie, 2 Essl gehackter Schnittlauch, etwas Öl zum Anbraten.

Mit wenig Öl die Zwiebel und den Porree andünsten. Den Kürbis dazugeben und mit ca 1 l Wasser ablöschen. Ca 20 Min köcheln lassen. Mit einem Passierstab pürieren. Unter Rühren den Käse und die Sahne dazu geben, bis sich alles aufgelöst hat. Mit Gewürzen abschmecken. Je 1 Essl der Kräuter einrühren, mit dem Rest die Suppe bestreuen und soforl servieren.

Kürbiskrabbensuppe nach Wiemersdorfer Art

500 g Kürbis gewürfelt, 125 g Krabben, 5 Essl Krebsbutter, 150 ml Sahne, Salz, Pfeffer, 3 Essl frischer Dill (gefroren geht auch)

Den Kürbis gut bedeckt mit Wasser 10 Min weichkochen. Mit einem Passierstab sehr fein pürieren. Die Hälfte der Sahne einrühren, die andere Hälfte steifschlagen und beiseite stellen. Die Krebsbutter zugeben und unter rühren auflösen. Mit Dill, Salz und Pfeffer abschmecken. Anschließend die Krabben zugeben und kurz in der Suppe ziehen lassen. Vor dem Servieren eine Sahnehaube auf die Suppe geben.

Verwendete Sorten: Queensland Blue, Green- und Blue Hubbard, sowie Hokkaido.

Tipp: Sollte die Suppe zu dick sein, etwas mehr Wasser zugeben.

Aus dem Ofen

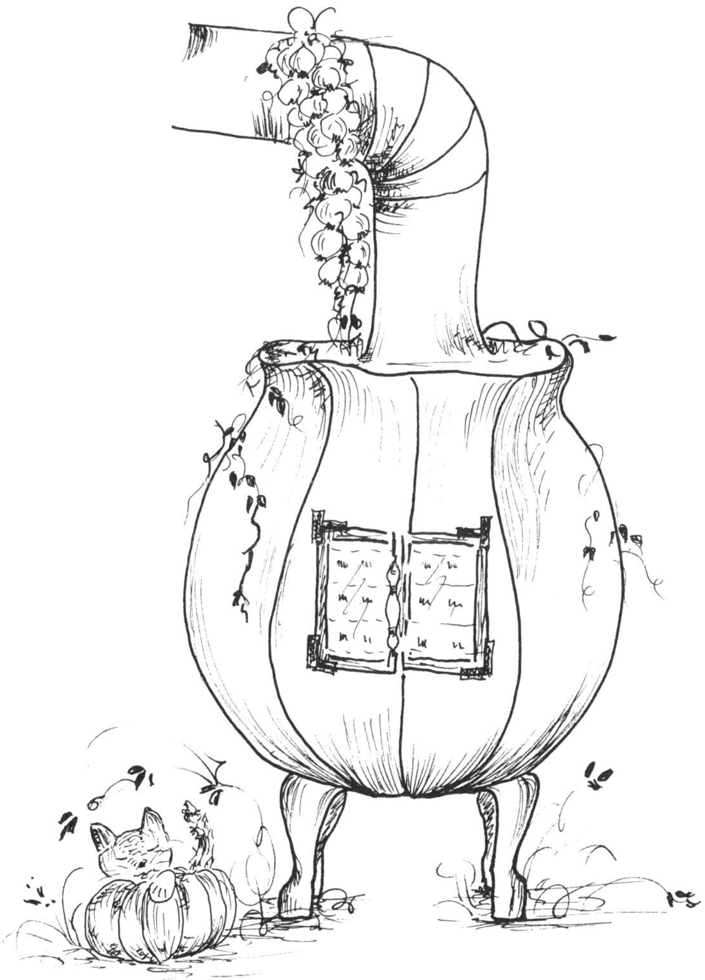

Pfannkuchenauflauf

Teig: 250 g Mehl (kann auch zum Teil Vollkorn sein), 1 Tl Backpulver, 250 ml flüssiges Kürbismus, 125 ml Milch, 3 Eier, Salz, Fett zum Ausbacken.
Füllung: 1 Glas Champignons, 150 g gewürfelter Emmentaler, Instandbrühe, 100 g gewürfelter u. gekochter Schinken, 100 g geraspelter Kürbis, 250 ml Wasser, 100 ml Sahne, 1 Essl Margarine.

Die Zutaten für den Teig verrühren und die Pfannkuchen ausbacken.
Für die Füllung Margarine in einem Topf schmelzen, Champignons, Schinken und Kürbis zugeben und kurz garen. Mehl zufügen, mit Wasser und Sahne ablöschen. Käsewürfel hinzufügen und mit Instandbrühe abschmecken. In einerausgefetteten Auflaufform nun jeweils die Pfannkuchen mit der Füllung bestreichen und so einschichten.
30 Min bei 190 ° Ober- u. Unterhitze backen.

Tipp: Teig verdoppeln. Pfannkuchen süß am ersten Tag, am nächsten den Auflauf zubereiten.

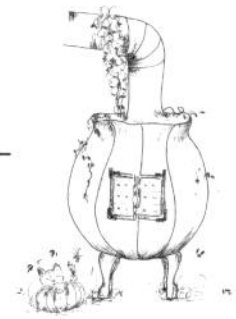

Kürbisporreegratin

1 kg gewürfeltes Kürbisfleisch, 2 Stangen Porree, 150 g gewürfelter Bacon, 2 Becher Schmand, Salz und Pfeffer.

Porree waschen und in Ringe schneiden. Zusammen mit dem Kürbisfleisch in eine Schüssel geben. Schmand mit Salz und Pfeffer glatt rühren und mit dem Bacon alle Zutaten in der Schüssel gleichmäßig verrühren. Masse in eine Auflaufform füllen und glatt streichen. Bei 175° Ober- und Unterhitze ca 45 Min backen.

Raffiniert, schnell, und gut vorzubereiten!

Tipp: Zu diesem herzhaften Gericht schmeckt ein gut gekühltes Glas Bier!

Kerngratin

1,5 kg Kürbis (Hokkaido o.ä.) gewürfelt, 100 ml Kürbiskernöl, 2 geh Zwiebeln, 150 ml Weißwein, 4 Essl Mehl, 1 Becher Schmand, 4 Essl Kürbiskerne, 8 Essl Emmentaler, Muskat, Salz und Pfeffer.

Kürbis und Zwiebeln mit der Hälfte des Kernöls auf kleiner Flamme andünsten und mit Wein ablöschen. 4-5 Min köcheln lassen. Über einem Sieb abtropfen und dabei die Flüssigkeit auffangen. Restliches Öl mit dem Mehl in einem Topf erwärmen und rechtzeitig mit 250 ml Kürbisflüssigkeit ablöschen. Sauerrahm und Käse zufügen, mit Gewürzen abschmecken. Kürbis in eine vorbereitete Form geben, Kerne darüber streuen und mit Sauce übergießen. Bei 200° Ober- und Unterhitze im Ofen ca 20 Min überbacken.

Spinat-Lachs-Auflauf

650 g Kürbis in Scheiben gehobelt, 1 Zwiebel gewürfelt, 50 g Butter oder Margarine, 750 g gefrorenen Blattspinat, ½ l Gemüsebrühe, Salz, Pfeffer, Muskatnuss, 50 g Mehl, 250 g Schlagsahne, Saft von einer Zitrone, 1 Eigelb, 500 g Lachsfilet in schmalen Stücken.

Spinat über einem Sieb auftauen und gut abtropfen lassen. (Das macht man am besten schon einen Abend vorher) Eine Form ausfetten und Kürbishobel schuppenförmig einlegen. Das Fischfilet waschen, trockentupfen, mit der Hälfte des Zitronensaftes säuern und stehen lassen. Die Zwiebel mit 20 g Butter in einem Topf andünsten, den Spinat hinzufügen und mit Salz, Pfeffer und Muskat abschmecken.
Für die Soße restliches Fett erhitzen, Mehl hinzufügen und mit Brühe und Sahne ablöschen. Zitronenschale und restlichen Saft einrühren und mit den Gewürzen pikant abschmecken. Als Letztes das Eigelb einrühren. Spinat auf dem Kürbis verteilen. Sollte sich noch sehr viel Flüssigkeit gebildet haben, muss diese

noch etwas abgeschöpft werden. Den Fisch etwas abtropfen lassen und auf den Spinat legen. Das Ganze mit der Soße übergießen. Bei 190° Ober- und Unterhitze ca 30 Min überbacken.

Varianten: Statt Lachs, kann auch Seelachs, Rotbarsch oder Zander verwendet werden.

Tipp: Hierzu passt wunderbar ein Glas Riesling!

Gewürzpolenta

250 g grober Maisgrieß (Polenta), 50 g Parmesan, Muskatnuss, 75 g Butter, 200 g Frischkäse - Doppelrahmstufe, 1 Gemüsezwiebel gewürfelt, 500 g Kürbis geraspelt, 1 Paprikaschote gewürfelt, 1 Apfel geraspelt, 8 Essl Olivenöl, 2 Essl grober Senf, 125 g Feta, 25 g frisch geriebener Ingwer, 6 Knoblauchzehen ausgedrückt, Salz, Pfeffer, je 1 Tl Thymian, Korianderpulver, Paprika und Curry, 1 Banane zerdrückt, 350 g Rinderhackfleisch, 5 Eier, Butter und Maisgrieß für die Form, Kürbiskerne.

Den Grieß mit 25 g Parmesan, Muskat und Butter und 400 ml Wasser erhitzen. 1-2 Min kochen lassen, dabei ständig umrühren. Vom Herd nehmen und mit dem Frischkäse glattrühren. Öl erhitzen, Zwiebel darin leicht glasig dünsten. Paprika, Kürbis, und Apfel 3 Min mitdünsten. Den Senf unterrühren und die Masse handwarm abkühlen lassen. Feta etwas zerdrücken. Zusammen mit Knoblauch, Ingwer, 1 gehäuften Tl Salz, Pfeffer, Thymian, Koriander, Paprika, Curry und dem restlichen Parmesan mischen. Eine feuerfeste Form ausfetten und mit etwas Grieß ausstreuen. Banane mit Hackfleisch, einem Drittel der Gemüsemasse und 3 Eiern unter den Maisbrei mischen. Die restliche Gemüsemischung mit dem übrigen Maisbrei und den restlichen Eiern mischen. Die Hälfte der Maismischung in die Form geben, dann die gesamte Fleischmischung und zum Schluss die restliche Maismischung darauf schichten. Mit entsprechend Butter belegen und Kürbiskerne darüber streuen.

Ca. 35 Min bei 200° Ober- und Unterhitze backen.

Tipp: Hierzu passt ein kräftiger Rotwein.
Als Beilage kann ein Blattsalat gereicht werden.
Die Mühe lohnt sich!

Griechischer Kürbisauflauf

1 mittelgroße Aubergine in Scheiben, 3 Essl Olivenöl, 300 g Kürbis in Scheiben, 200 g Kartoffeln geschält und in Scheiben, 3 Zwiebeln in Ringen, 200 g grüne Bohnen, 300 g Tomaten in Scheiben, 200 g Schafskäse, 2 Essl frischer, gehackter Thymian, 3 ausgepresste Knoblauchzehen, Salz, Pfeffer, Zitronensaft.

Auberginenscheiben in Olivenöl goldbraun anbraten und eine Auflaufform damit auslegen. Alle Gemüsesorten abwechselnd die Form einschichten. Jede Schicht mit wenig Salz, Pfeffer, Zitronensaft, Knoblauch und Thymian würzen. Zum Schluss Schafskäse über den Auflauf krümeln, mit Alufolie abdecken und bei 180° auf der untersten Schiene ca 50 Min backen.

Blätterteigrolle

Ein Stück Blätterteig 40x25 cm groß, 150 g Blattspinat (gefroren und aufgetaut), 150 g geraspelter Kürbis, 75 g Schafkäse, 3 Essl geröstete Kürbiskerne, 3 Essl gewürfelter Schinken. 1 Ei.

Den gut abgetropften Spinat auf der Blätterteigplatte verteilen und danach den Kürbis streuen. Den Käse in kleine Scheiben schneiden und mit dem Schinken und den Kürbiskernen gleichmäßig darauf verteilen. Die Platte aufrollen und auf ein mit Backpapier ausgelegtes Backblech legen. Mit dem aufgeschlagenem Ei bepinseln und mit einer Gabel einige Löcher einstechen. Bei 200° ca 35 Min backen.

Verwendete Sorte: Buttercup

Tipp: Im Rezept wurde frischer Blätterteig vom Bäcker verwendet. Werden gefrorene, kleinere Platten genutzt, evtl einzelne kleine Rollen backen.

Hauptgerichte

Pumpkes mit Schmandcreme

Teig: 8 Tassen geraspeltes Kürbisfleisch, 1 große gewürfelte Zwiebel, 3 geschlagene Eier, 3 Essl Mehl, 1 gehäufter Tl Salz, Pfeffer, Pflanzenöl.
Creme: 2 Becher Schmand, Salz, Pfeffer, 4 Essl gehackte Kräuter.

Alle Zutaten für den Teig vermengen und portionsweise in einer Pfanne mit Pflanzenöl ausbacken. Gefertigte Pumpkes übergangsweise im Backofen warm halten. Die Zutaten für die Creme miteinander vermengen und glattrühren. So gefertigt alles anreichen.

Tipp: Wenn der Teig zu flüssig ist- etwas Mehl dazu, ist er zu fest- Ei dazu. Der Teig lässt sich gut vorbereiten. Die Schmandcreme schmeckt auch mit Knoblauch köstlich!

Kürbisrisotto

800 g Kürbis gewürfelt, 50 g Butter, ½ l trockener Weißwein, 2 gehäufte Essl Petersilie geh, Salz, Pfeffer, Paprika, 2 Zwiebeln gewürfelt, 250 g Reis (wenn möglich Risolloreis), ¾ l Hühnerbrühe, 150 g geriebener Käse mit kräftigem Geschmack, ein kleiner Becher Creme Fraiche.

Kürbiswürfel mit der Hälfte der Butter in einer Pfanne bei geschlossenem Deckel anbraten und mit einem ¼ l Weißwein ablöschen. Petersilie mit den Gewürzen dazugeben und bei kleiner Hitze einige Minuten dünsten. In einem seperaten Topf die Butter zerlassen und die Zwiebelwürfel darin glasig dünsten. Den Reis zufügen und ebenfalls anschwitzen. Mit dem Wein ablöschen. Unter ständigem Rühren nach und nach die Brühe zufügen. Kurz vor dem Ende der Garzeit den Käse, die Creme Fraiche und das Kürbisgemüse unterheben. Gut erhitzt sofort servieren.

Indische Hähnchenkeulen

2 Tassen Reis, 4 Hähnchenkeulen, 1 Stück frischer Ingwer gerieben (Walnussgröße), 1 kleine Chillischote, 2 Tl Paprika, 2 Essl SB-Öl, 4 Essl Rosinen, 100 g Caschewskerne, 1 Essl Kurkuma, je eine Messerspitze Anis, Nelkenpulver, Zimt, Koriander, 50 g Butter, 200 g Wurzeln gewürfelt, 250 g Kürbis in kleinen Würfeln, 1 große Zwiebel gewürfelt, 50 g brauner Zucker, 2 Essl frische Minze gehackt.

Reis mit 4 Tassen Wasser bei geschlossenem Topf zum Kochen bringen. Ausstellen, aber auf der Platte belassen. Chillischote fein hacken und mit Ingwer, Paprika und Öl mischen. Die Hähnchenkeulen damit einstreichen. 3 Stunden marinieren. Mit Salz bestreuen und im Ofen bei 180° ca 25 Min backen. Ab und zu wenden. Butter zerlassen, Zwiebeln darin andünsten. Kürbis, Rosinen und Wurzeln zugeben. Mit Gewürzen und Zucker ab-schmecken. Reis und noch bissfestes Gemüse mischen. Kurz vordem Servieren den Gemüsereis mit Minze und Kernen vermischen.

Herzhafter Dinkeltopf mit Schmandcreme

400 g Dinkel, 1 l Gemüsebrühe, Selleriesalz, Pfeffer, Pflanzenöl, 1 Stange Porree, 200 g Kürbis in Würfeln, 200 g Wurzeln in Würfeln, 200 g Sellerie in Würfeln, 1 Gemüsezwiebel in Ringen. Creme: 300 g Schmand, Kräutersalz, Pfeffer, 2 Essl gehackter Dill, 75 ml Sahne, 2 ausgepresste Knoblauchzehen.

Dinkel gut bedeckt mit Wasser über Nacht einweichen. Wasser abgießen und in einem geschlossenem Topf Dinkel mit Brühe zum Kochen bringen. Hitze reduzieren. Solange köcheln lassen, bis die Körner weich sind. In einer Pfanne das Gemüse nur kurz mit dem Öl andünsten. Sollte der Dinkel noch sehr viel Flüssigkeit aufweisen, abgießen und das Gemüse unterheben. Warmhalten, aber nicht mehr kochen. Mit Selleriesalz und Pfeffer abschmecken. Für die Creme alle Zutaten miteinander verrühren. Dill zufügen und mit Gewürzen abschmecken. Schmandcreme zu dem Dinkeltopf anbieten.
Superlecker und vollwertig!

Asiatische Kokospute

400 g Putenbrust, 2 Essl Pflanzenöl, 3 Zwiebeln gewürfelt, 100 ml Kokosmilch, 300 g Kürbis in dünne Scheiben gehobelt, 100 ml Sahne, Gemüsebrühe Instand, Pfeffer, Kurkuma. 3 Tassen Basmatireis.

Reis mit 5 ½ Tassen Wasser in einem geschlossenem Topf zum Kochen bringen und Platte ausstellen. Topf darauf belassen. Putenbrust in dünne Scheiben schneiden. Mit etwas Öl in einer Pfanne anbraten. Sobald sie gar ist herausnehmen und im restlichen Öl Zwiebeln und Kürbis andünsten. Pute wieder zufügen und alles mit Sahne, Kokosmilch und wenig Wasser ablöschen. Etwas köcheln lassen und mit den Gewürzen und Brühe abschmecken.

Tipp: Statt Pute probieren Sie mal Hähnchen, oder sogar Fisch (Dabei nur darauf achten, dass er nicht zerfällt. Filets nehmen und erst später dem Gemüse zufügen.)

Buchweizenplatte

200 g Zwiebeln in Scheiben, 200 g Porree in Ringen, 100 g Wurzeln in Scheiben, 200 g Kürbis geraspelt, 40 g Butterschmalz, 2 Essl Thymian, 350 g Buchweizen (möglichst ganze Körner), ½ l Gemüsebrühe, 3 Knoblauchzehen gehackt, Salz, Pfeffer, 5 Eier, ¼ l Sahne, 6 Essl Buchweizengrütze, 600 g Champignons, 40 g Butter.
Joghurtcreme: 500 ml Naturjoghurt, 6 Essl Schnittlauch, Salz, Pfeffer.

Zwiebeln, Porree, Wurzeln, Kürbis in Butterschmalz andünsten. Den Buchweizen und Thymian dazugeben. Brühe und Knoblauch zufugen und 15 Min ausquellen lassen. Sahne mit Salz, Pfeffer und Eiern verquirlen. Eine Fettpfanne etwas einfetten. Mit 3 Essl Grütze ausstreuen. Die Masse hineingeben und glattstreichen. In der Butter die halbierten Champignons andünsten. Restliche Grütze dazugeben und alles auf der Platte verteilen. Bei 200° ca 30 Min Ober- und Unterhitze backen. Für die Joghurtcreme alle Zutaten miteinander verrühren und mit den Gewürzen abschmecken.

Bratlinge

100 g Kartoffeln, 150 g Sellerie, 150 g Wurzeln, 200 g Kürbis, 1 große Zwiebel gewürfelt, 1 kleine Stange Porree in kleinen Ringen, 1 Knoblauchzehe ausgepresst, 3 Eier, 2 Essl Weizenvollkornmehl, Salz, Pfeffer, Paprika, Thymian, 100 g Feta zerkrümelt. Öl zum Ausbacken.

Kartoffeln, Sellerie, Wurzeln und Kürbis grob raspeln. In einer Schüssel mit Zwiebel, Porree, Knoblauch, Eiern und Mehl mischen und mit den Gewürzen abschmecken. Den Feta untermischen. Mit dem Öl in der Pfanne ausbacken.

Tipp: Dazu kann man gut eine Quark-, Schmand- oder Joghurtcreme reichen.

Beilagenecke

Michaelas Tassenpüree

1,2 kg Kürbisfleisch in groben Stücken, ca 3 Essl Butter, 5 Tl brauner Zucker, 5 Prisen Salz, 5 Prisen Ingwer, 100 g geh Wallnüsse, 100 g Rosinen. Orangensaft oder Sahne.

Kürbisfleisch im Backofen bei 175° backen, bis es weich ist. Pürieren. 5 gehäufte Tassen Püree mit Butter, Zucker, Salz, Ingwer, Wallnüssen und Rosinen vermengen. Nach Geschmack entweder Orangensaft oder Sahne zufügen, bis es eine cremige Konsistenz hat.

Als Beilage zu Kurzgebratenem, Bratwurst oder Geflügel geeignet.

Kürbiskernsauce

½ Tasse schalenlose Kürbiskerne, 1 Tasse Wasser, 10 Pimentbeeren (ganze), 10 Pfefferkörner (ganz), 2 Nelken, 1 große Knoblauchzehe, 1 große frische Jalapeno (Pfefferschote-entkernt), Salz, ½ Tl brauner Zucker, 5 Essl Kürbiskernöl.

In einem Topf das Wasser mit den Pimentbeeren, Pfefferkörnern und Nelken ca 25 Min köcheln lassen. Anschließend das Wasser abgießen und separat auffangen. Knoblauchzehe, Kürbiskerne und Kernöl mit einem Passierstab zu einem Brei pürieren. Pfefferschote nach und nach untermengen, zwischendurch abschmecken. Das restliche Wasser ebenfalls nach und nach zufügen. Zucker zugeben und mit Salz abschmecken. Sollte die Sauce zu dünn werden, dann kurz bei schwacher Hitze köcheln lassen.

Tipp: Die Sauce eignet sich als Dipp oder auch als Beilage.

Tomatengemüse

800 g gewürfelter Kürbis, 1 große Gemüsezwiebel gewürfelt, 1 Essl Butter, 6 Tomaten, 250 ml Brühe, Salz, Pfeffer, 1 Essl Margarine, 2 Essl Mehl. Etwas gehackte Petersilie

Zwiebelwürfel in Butter andünsten und den Kürbis zufügen. Tomaten in Würfel schneiden, zufügen und mit der Brühe auffüllen. Ca 8 Min so schmoren, der Kürbis sollte noch nicht zu weich sein. Absieben und die Flüssigkeit dabei auffangen. Margarine im Topf zerlassen. Mehl einstreuen und unter Rühren die Gemüseflüssigkeit zufügen. Mit Salz und Pfeffer abschmecken und das Gemüse wieder hineingeben. Mit Petersilie bestreut servieren.

Tipp: Statt Petersilie kann auch Basilikum verwendet werden.
Eine tolles Beilagengemüse zu Fleisch, Fisch und Geflügel.

Kürbisgnocchi

350 g Weizenmehl, 100 g Weizengrieß, 250 ml fein passiertes Kürbispüree, 3 Eigelb, ½ Tl Salz, Butter, 3 gehackte Knoblauchzehen, 2 Essl frisch gehackte Petersilie.

Mehl, Grieß, Püree, Eigelb und Salz verkneten und eine halbe Stunde ruhen lassen. Sollte die Masse kleben, etwas Mehl zufügen. Zu kleinen Rollen formen. Scheiben abschneiden und diese zu Gnocchi formen. In einen Topf mit siedendem Wasser geben. Sobald sie oben schwimmen, sind sie gut. Gut abtropfen lassen und warm halten, bis alle gegart sind. Die Butter zerlassen und den Knoblauch darin andünsten. Die Gnocchi anrichten und mit der Knoblauchbutter übergießen. Mit Petersilie bestreut servieren.

Tipp: Der Gnocchiteig „pur" passt zu vielen Gerichten als Beilage. In der oben aufgeführten Version ergibt er z.B. mit einem Salat ein tolles Hauptgericht!

Tomatensauce

1 Zwiebel gewürfelt, 30 g Fett, 40 g Mehl, 3 Essl Tomatenmark, ½ l dünnflüssiges Kürbismus, Instandbrühe, Salz, Pfeffer, Paprika, 3 Essl Creme Fraiche.

Im Fett die Zwiebel glasig dünsten. Mehl dazugeben und unter ständigem Rühren die Flüssigkeit einrühren. Tomatenmark hinzufügen. Mit wenig Brühe, und nach und nach die anderen Gewürze abschmecken. Creme Fraiche hineingeben.

Tipp: Diese Sauce passt gut zu Nudelgerichten. Man kann auch zusätzlich noch Oregano verwenden.

Kürbiskräutercreme

1 Kg Kürbis in Würfeln, 5 Knoblauchzehen fein gehackt, Saft von 2 Zitronen, 8 Essl Olivenöl, ½ Tl Salz, Pfeffer, 2 Essl Petersilie gehackt, 2 Essl Basilikum gehackt.

Kürbis in wenig Wasser weich dünsten. Sehr gut abtropfen lassen. Pürieren und in einem Küchentuch weiter auspressen. Knoblauch in Olivenöl glasig dünsten und alles zu dem Mus geben. Zitronensaft, Salz, Pfeffer, Petersilie, Basilikum unterrühren.

Tipp: Diese Creme passt zu warmen Brot, oder auch als Beilage zu Fleisch.

Sabrinas Barbecuesauce

1 Gemüsezwiebel, 1 rote Paprikaschote, ca 150 g flüssigen Honig, 1 Tasse Kürbismus, 2 Tl Salz, Pfeffer, 250 g Tomatenketchup, 2 Essl Obstessig, Tabasco.

Die Gemüsezwiebel fein würfeln. Paprikaschote in kleinste Streifen schneiden. Den Honig mit Kürbismus, Tomatenketchup und Essig glattrühren. Gemüse zu der Masse geben und mit Salz, Pfeffer und Tabasco abschmecken.

Tipp: Diese Sauce eignet sich super, um Grillfleisch oder auch Rippen zu marinieren. Dabei sollte man aber immer etwas zum Dippen zurücklassen. Mit Gewürzen sollte nicht gespart werden.

Kürbishumus

130 g Kichererbsen, Salz, 250 g trockenes Kürbismus, 180 Tahin (Sesampaste), Zitronensaft von frischen Zitronen, Olivenöl, Salz, scharfes Paprikapulver, ca 3-4 Knoblauchzehen. Einige Blätter frische Petersilie.

Am Vortag die Erbsen in reichlich Wasser einweichen. In einem Topf mit Wasser auffüllen und zum Kochen bringen. 50 Minuten garen. Das überflüssige Wasser abgießen und pürieren. Mit Kürbismus und Tahin mischen. Abschmecken mit Zitronensaft, Olivenöl, Salz, Paprika und Knoblauchzehen (ausgepresst). Das Olivenöl verleiht dem Gericht eine cremige Konsistenz, und sollte nicht zu wenig zugegeben werden. Die Zitrone sollte leicht herauszuschmecken sein. Ansonsten darf bei der Zubereitung nach Geschmack gearbeitet werden. Es wird erkaltet mit Petersilie dekoriert serviert.

Tipp: Humus wird zu Fladenbrot, Gegrillten und Fleischgerichten als Beilage gereicht. Der Ursprung ist in der türkischen Küche zu sehen.

Quiche & Co

Schnelle Quiche

Teig:300 g Mehl, 50 g Parmesan, ½ Tl Salz, 125 g Butter, 4 Essl kaltes Wasser
Belag: 600 g Kürbisfleisch grob geraspelt, 200 ml Weißwein, 150 ml Sahne, 30 g Maismehl, Salz, Pfeffer, Muskatnuss, 100 g Parmesan, 2 Eier.

Die angegebenen Zutaten für den Teig verkneten, so dass ein glatter Teig entsteht. 30 Min kühl stellen. Kürbis 3 Min im Wein weichkochen. Über einem Sieb abtropfen und dabei die Flüssigkeit auffangen. In die Flüssigkeit Sahne, Maismehl, Parmesan und verquirlte Eier geben und kurz einkochen lassen. Mit Gewürzen abschmecken. Kürbis und Sauce auskühlen lassen. Teig auf einem mit Backpapier ausgelegtem Backblech ausrollen. Kürbis verteilen und Sauce gleichmäßig darüber geben. Bei 190° Ober- und Unterhitze ca 30 Min backen.

Spinattorte

Teig: 250 g Mehl, 1 Tl Salz, 6 Essl Olivenöl.
Belag: 250 g Kürbisfleisch in kleinen Würfeln, Salz, 200 g frischerSpinat, 150 g Porree in Ringen, 2 Essl Olivenöl, 50 g Parmesan, Pfeffer, 100 g gewürfelter Feta.

Zutaten für den Teig verkneten und etwas ruhen lassen. Im Anschluss eine Springform damit auslegen. Kürbis in Wasser mit Salz weichkochen (ca 3-5 Min). Herausnehmen und im selben Wasser Spinat kurz kochen und abtropfen lassen. Den Kürbis mit einer Gabel grob zerdrücken. Alles Gemüse mit Öl, Parmesan und Feta mischen. Mit den Gewurzen abschmecken und die Masse in der Form verteilen.
Im Backofen bei 190° Ober- und Unterhitze 35 Min backen.

Tipp: Für ein Blech müssen die Zutaten etwa verdoppelt werden!
Gut vorzubereiten!

Lachsquiche

Teig: 200 g Quark, 2 Eier, 4 Essl Öl, 450 g Mehl, 1 Packung Backpulver.
Belag: 200 g Räucherlachs in kleinen Streifen, 600 g Kürbis in kleinen Stiften.
Creme: 2 Becher Schmand, 2 ausgepresste Knoblauchzehen, Salz, Pfeffer, 4 Eier.

Alle Zutaten für den Teig miteinander verkneten und 15 Min ruhen lassen. Eine Fettpfanne damit auslegen. Kürbis darüber streuen und den Lachs darüber verteilen. Alle Zutaten für die Creme glattrühren und die Quiche damit überziehen. Im Backofen bei 190° ca 40 Min bei Ober- und Unterhitze backen.

Tipp: Die halbe Menge reicht für eine Springform. Dazu ein gut temperiertes Glas Weißwein - lecker,lecker!

KK-Quiche (Kartoffel-Kürbis-Quiche)

Teig: 150 g Mehl, 600 g Pellkartoffeln, 200 g feinst geraspelter Kürbis, 2 Eier, 1 Essl Salz, 3 Essl Mehl.
Füllung: 150 g Bacon in Streifen, 2 Zwiebeln gewürfelt, 3 Knoblauchzehen feinst gehackt, 3 Essl Öl, 200 g Spinat, Salz, Pfeffer, 350 g Emmentaler gerieben.
Creme: 4 Eier, 50 ml Sahne, 1 Essl Kartoffelmehl, Salz Pfeffer, Paprika, Kümmel.

Die kalten Kartoffeln von der Schale befreien und fein reiben. Mehl, Kartoffeln, Kürbis, Eier, Salz und Mehl zu einem glatten Teig verarbeiten und eine Springform damit auslegen. Bei 200° 10 Min backen. Speck, Zwiebeln und Knoblauch im Öl dünsten. Spinat kurz dazugeben. Mit dem Käse mischen und in die Springform geben. Die vorbereitete Creme aus Eiern, Sahne, Kartoffelmehl und Gewürzen darüber gießen. Quiche bei 220° ca 35 Min backen.

Tipp: Füllung und Creme sollten fertig sein, wenn der Boden aus dem Ofen kommt.

Zwiebel-Kürbis-Kuchen

Teig: 500 g Mehl, ½ Tl Salz, 4 Eigelb, 5 Essl Essig, 250 g Butter oder Margarine.
Belag: 600 g Zwiebeln in Ringen, 400 g Kürbis geraspelt, 100 g Speck fein gewürfelt, etwas Öl.
Creme: 2 Becher Sahne, 1 Becher Schmand, 3 Eier, Salz, Pfeffer, Kümmel gemahlen.
3 Essl Paniermehl, 100 g Emmentaler gerieben.

Alle Teigzutaten miteinander verkneten und ruhen lassen. Auf einem mit Backpapier ausgelegtem Backblech ausrollen. Mit Paniermehl bestreuen. Zwiebeln, Kürbis und Speck in Öl andünsten und auf dem Teig geben. Für die Creme alle Zutaten miteinander glattrühren gut mit den Gewürzen abschmecken und auf die Zwiebelmasse geben. Mit Emmentaler bestreuen. Bei 180° ca 40 Min backen.

Tipp: Da der Kürbis die Zwiebeln bekömmlicher macht, kann jeder diese Variante des Zwiebelkuchens genießen.

Süße Träume

Bananenquarkspeise

Pudding: ¼ l Milch, 1 Packung Vanillepuddingpulver, 1 Ei, 50 g Zucker.
150 g Quark, 100 g trockenes Kürbismus, 70 g Zucker, 1 Vanillezucker, 1 Essl Zitronensaft, ¼ l geschlagene Sahne, 2 Bananen .

Pudding nach Vorschrift zubereiten.
Gut auskühlen lassen. Quark mit Kürbismus, Zucker und Vanillezucker glattrühren. Bananen mit dem Zitronensaft pürieren und zu der Quarkmasse geben. Erkalteten Pudding cremig rühren und ebenfalls zu der Quarkmasse geben. Zum Schluss die Sahne unterheben. Vor den Servieren noch etwas kühlstellen. Mit einigen frischen Bananenscheiben garnieren.

Besonders lecker!

Schokoladenzauber

Pudding: ½ l Milch, 1 Packung Vanillepuddingpulver, 100 g Zucker, 3 Essl Schokoladenpulver, 1 Ei.
Kürbiseinlage: 400 g geraspelter Kürbis, 4 Essl flüssiger Honig.

Pudding aus den angegebenen Zutaten zubereiten. In einem Topf den flüssigen Honig erwärmen und die Kürbisraspel (einen Essl davon abnehmen)dazugeben und mit dem Honig vermengen. Bei leichter Hitze den Kürbis darin ziehen lassen, bis er etwas weicher ist. Achtung: Es darf kein Mus werden!
Über einem Sieb abtropfen lassen. In einer Glasschüssel nun die Puddingmasse abwechselnd mit den Kürbisraspeln in einer Glasschüssel einschichten. Mit den restlichen Kürbisraspeln garnieren.

Kürbisschokotorte (ohne Backen)

750 g Kürbis gewürfelt, 4 Essl Wasser, 200 g Zartbitterschokolade gehackt, 150 g Puderzucker, 150 g weiche Butter, 2 Essl Schokoladenpulver, 1 P Vanillezucker, Zimt. Garnierung: 3 Essl Creme Fraiche, 75 g Zartbitterschokolade, 1 Essl Schokoladenpulver.

Kürbis in einem Topf bei geschlossenem Deckel 15-20 Min garen, bis er weich ist. Über einem Sieb gut abtropfen lassen und sehr fein pürieren. Unter Rühren die gehackte Schokolade in das warme Mus geben, bis sie sich aufgelöst hat. Puderzucker dazusieben und unterrühren. Weiche Butter, Schokoladenpulver, Vanillezucker und Zimt nach und nach dazugeben, bis eine homogene Masse entstanden ist. Nun mit einem Mixer auf höchster Stufe aufschlagen. Eine Springform mit Backpapier auslegen, die Creme einfüllen und glatt streichen. Über Nacht im Kühlschrank gut auskühlen lassen. Vor dem Servieren die Creme Fraiche mit der Schokolade und dem Pulver unter Rühren zusammen erwärmen und die Torte damit überziehen.

Kürbisgrütze

350 g kleine Kürbiswürfel, 100 g Äpfel gewürfelt, 100 g Galiamelone gewürfelt, 150 g Zucker, je eine Prise Ingwer und Zimt gemahlen, ½ Paket Vanillepuddingpulver, 1 gehäufter Essl Speisestärke, 4 Essl Apfelsaft.

Kürbis und Äpfel in Wasser mürbe kochen, Zucker, Ingwer und Zimt zugeben. Mit einem Kochlöffel etwas zerdrücken. Melonenstücke hinzufügen. Vanillepuddingpulver und Speisestärke mit Apfelsaftverrühren und die Grütze damit abbinden.

Einfach, schnell und lecker!

Erdnussauflauf

200 g Kürbis gerieben, 250 g Wurzeln gerieben, 50 g brauner Zucker, ½ Tl Zimt, 75 g flüssiger Blütenhonig, 1 Banane, 100 g Erdnussmus, 2 Essl Kürbiskernöl, 1 Essl Zitronensaft, 75 g Dinkelvollkornmehl, 3 Eier getrennt Butterflocken zum Belegen.
Für die Form: Butter, 4 Essl brauner Zucker, 4 Essl gemahlene Haselnüsse, etwas Zimt.

Eine feuerfeste Form ausfetten, Zucker und Nüsse mit Zimt mischen und damit ausstreuen. Den Rest beiseite stellen. In einer Schüssel je die Hälfte von: Zucker, Möhren, Kürbis, Zimt und dem Honig mischen. Banane schälen und in dem Erdnussmus zerdrücken. Öl, Zitronensaft unter die Gemüsemasse mischen. Im Anschluss Eigelb und Mehl unterrühren. Das Eiweiß mit dem restlichen Zucker steifschlagen. Vorsichtig unter die Gemüsemasse ziehen und in die Form füllen. Die restliche Nussmischung und einige Butterflöckchen darauf verteilen. Bei 190° Ober- und Unterhitze auf der untersten Stufe ca 30 Min goldbraun backen.

Süßer Rumgratin

7 altbackene Brötchen, 1 l lauwarme Milch, 1 kg Kürbis gewürfelt, 100 g Butter, Salz, 220 g brauner Zucker, 6 cl Rum, 5 Eier, 4 Essl Zitronensaft, 200 g Haselnüsse gemahlen, 4 Essl Kürbiskerne, Puderzucker, Butter für die Form.

Brötchen grob in Stücke schneiden und in der Milch einweichen. Butter in einem Topf zerlassen und den Kürbis darin bei geschlossenem Deckel ca 15 Min dünsten. Anschließend mit einer Prise Salz, 3 Essl Zucker und dem Rum vermischen. Eier mit dem restlichen Zucker schaumig rühren. Zitronensaft zugeben. Brötchen ausdrücken. Die Eimasse mit dem Kürbis und den Nüssen vermischen. Kürbiskerne leicht anrösten und unter die Masse heben. Die Masse in eine ausgefettete, feuerfeste Form geben. Mit der restlichen Butter belegen. Bei 200° Ober- und Unterhitze 25 Min backen. Mit Puderzucker bestreut servieren.

Muskatkürbis mit Sanddornsahne

600 g Muskatkürbis in 1 cm dünne Scheiben geschnitten, 50 ml Weißwein, 150 ml Wasser, 100 g ungeschälter Sesam, 250 ml Sahne, 250 ml steifgeschlagene Sahne, 75 g brauner Zucker, 4 Essl Sanddornfruchtkonzentrat.

Kürbis in Wein und Wasser ca 10 Min dünsten. Sanddorn unter die Sahne heben und auf 4 Tellern flach anrichten. Kürbis von beiden Seiten in Sesam wälzen und auf der Sahne anrichten. Mit dem braunen Zucker bestreut servieren.

Kürbissouffle`in der Orangenschale

400 g Kürbisfleisch geputzt gewogen, 40 g Butter, 75 g Zucker, 3 Essl Orangenlikör, ½ Tl Zimt, Salz, 1 Msp Orangenschale, 2 Eigelb, 2 große Orangen, 2 Eiweiß, 2 Essl Mandelblättchen.

Kürbis mit 20 g Butter andünsten. Zucker unterrühren und bei geschlossenem Topf etwa 25 Min garen. Dann bei stärkerer Hitze und offenem Topf unter Rühren die Flüssigkeit reduzieren. Fruchtfleisch durch ein Sieb streichen und abkühlen lassen. Püree mit der restlichen Butter, Likör, Zimt, Salz, Orangenschale und den Eigelben verrühren. Orangen waschen, halbieren, das Fruchtfleisch auslösen und von den Häuten befreit fein würfeln. In die Schalen zurückgeben. Eiweiß steifschlagen und unter die Kürbismasse heben. Auf die Orangen verteilen und mit Mandelblättchen bestreuen. Bei 200° Ober- und Unterhitze ca 20 Min backen.

Türkisches Kürbisdessert

1 kg Kürbis, 150 g Zucker, 150 g Walnüsse.

Kürbis von der Schale und den Kernen befreien. In ca 3 cm dicke, fingerlange Stücke schneiden. Mit dem Zucker vermengen und über Nacht stehen lassen. 30 - 35 Min dünsten, in eine Schüssel geben und erkalten lassen. Die gehackten Walnusskerne leicht anrösten, über die Kürbisspeise streuen und servieren.

Nusszauber

Vanilleeis, Kürbiskernöl, Haselnusskrokant,
gehackte Pistazienkerne, einige Minzeblätter.

Gießen Sie von dem Kernöl einen „Spiegel" in Dessertschalen. Haselnusskrokant einstreuen, nicht zu knapp. Für jeden Gast werden 3 Kugeln Vanilleeis hineingesetzt.
Das Eis wird mit Pistazienkernen bestreut und mit Minzeblättern dekoriert serviert.

Ein Genuss!

Tipp: Nicht zuviel Öl verwenden!

Andreas Apfelkürbiskompott mit Knusperhaube

3 geraspelte Äpfel, 200 g geraspelter Kürbis, 200 g Blütenzarte Haferflocken, 3 Essl Zucker, 100 g flüssige Butter.
Sauce: 500 ml erkaltete Vanillesauce und 1 Becher geschlagene Sahne.

Die geraspelten Früchte gut miteinander vermischen und in eine Auflaufform geben. Haferflocken, Zucker und Butter gut miteinander vermengen und gleichmäßig über der Früchtemasse verteilen. Bei 200° ca 15 Min überbacken. In der Zwischenzeit die Sahne unter die Vanillesauce heben. Den Kompott noch warm mit der Sauce servieren.

Verwendete Sorte: Sucrine de Berry oder andere Moschatatypen.

Der Ursprung des Rezeptes liegt in Schweden!

Superlecker!

Pies

Pumpkin Pie

Teig: 1 ½ Tassen gesiebtes Mehl, ½ Tl Salz, 1/3 Tasse Wasser, 2/3 Tasse zimmerwarme Margarine (keine Butter)
Füllung: 1 ½ Tassen Kürbismus, 1 ½ Tassen Sahne, ½ Tasse braunen Zucker, ½ Tasse weißen Zucker, 1 gehäufter Tl Zimt, ½ Tl Ingwer, 1/8 Tl gemahlene Nelken, 4 geschlagene Eier, 1 Tl Vanilleextrakt, 4 Tl Rum, ¾ gehackte Walnüsse, geschlagene Sahne zum Garnieren.

Mehl und Salz vermengen und ½ Tasse davon abnehmen. Wasser zu der halben Tasse Mehl geben und gut verrühren. Margarine mit dem übrigen Mehl verkneten, bis kleine Flocken entstehen. Mehl-Wassermischung dazu geben und mit der Hand verkneten, bis ein kleiner Ball entstanden ist. Etwa 45 Min kühl stellen. Danach eine runde Backform damit auskleiden. Den Boden mit getrockneten Erbsen beschweren. Bei 220° Ober- und Unterhitze etwa 10 Min backen. Dann die Erbsen entfernen und noch einmal 3-4 Min backen.

Für die Füllung Kürbis, Sahne, braunen Zucker, weißen Zucker, Zimt, Ingwer, Nelken und Eier in einem Wasserbad vermengen und unter Rühren leicht eindicken. Ein wenig abkühlen lassen. Dann Vanilleextrakt, Rum und Nüsse untermengen. Füllung in die Form geben. Noch warm mit Sahne garniert servieren.

Tipp: Statt der Walnüsse gehören ursprünglich Pekannüsse in die Füllung, die aber nicht immer erhältlich sind.

Chiffon Pie

Teig: 1 ½ Tassen gesiebtes Mehl, ½ Tl Salz, 1/3 Tasse, 2/3 Tasse Margarine.
Füllung: 3 Blatt Gelantine (einweichen in Wasser), 3 Eigelb, ½ Tasse Milch, ½ Tasse Zucker, 1 ½ Tassen Kürbispüree, ¼ Tl Salz, ¼ Tl Zimt, ½ Tl Muskat, ½ Tasse Zucker, 1 Tl Vanilleextrakt, 4 Tl Rum, ¾ Tasse Walnüsse, 3 Eiweiß, geschlagene Sahne zum Garnieren.

Mehl und Salz vermengen und eine halbe Tasse davon abnehmen. Wasser zu der halben Tasse geben und glattrühren. Restliches Mehl mit der Margarine verkneten bis kleine Krümel entstehen. Mehl-Wassermischung und Margarinegemisch mit der Hand zu einer Kugel formen und 45 Min im Kühlschrank ruhen lassen. Danach eine runde Backform damit auskleiden. Den Boden mit getrockneten Erbsen auslegen. Bei 220° Ober- und Unterhitze 10 Min backen. Die Erbsen entfernen und weitere 4 Min backen.
Für die Füllung Eigelb, Milch, ½ Tasse Zucker, Kürbispüree, Salz, Zimt, Muskat in einem

Wasserbad vermengen und unter Rühren eindicken lassen. Die Masse darf nicht zu heiß werden. Form aus dem Wasserbad nehmen und die eingeweichte Gelantine in der noch warmen Masse auflösen. Im Kühlschrank etwas erkalten lassen.

Ab und zu noch einmal umrühren, dabei Vanille, Rum, und Nüsse unterheben. Anschließend das Eiweiß mit dem Zucker steifschlagen und unter die Masse heben. Die Füllung in die Form und mit geschlagener Sahne garnieren.

Tipp: Nicht Kühlschrankkalt servieren! Der Pie sollte Zimmertemperatur haben.

Neuengland Pie

Teig: 250 g Weizenmehl, ½ Tl Salz, 1 Tl Zucker, 100 g Schweineschmalz (oder Kokosfett), 1 Ei, 3 Essl Obstessig, 3 Essl sehr kaltes Wasser.
Füllung: 400 g gekochtes, abgesiebtes Kürbisfleisch, 125 g Creme Double, 1/8 l Milch, 200 g brauner Zucker, ½ Tl Zimt, 1 Msp Nelken, 1Msp Ingwer, Muskatnuss, 3 Eier etwas aufgeschlagen, Fett für die Form.

Mehl mit Salz, Zucker, Fett, Ei, Essig und Wasser zügig verkneten. Zu einer Kugel geformt in Klarsichtfolie wickeln und 1 Stunde in den Kühlschrank legen. Das Kürbisfleisch mit Creme, Milch, Zucker, Zimt, Nelken, Ingwer, Muskatnuss und den Eiern gut verrühren. Die Form gut ausfetten. Den Teig dünn ausrollen und die Form damit auslegen. Wichtig ist dabei, dass auch ein Rand gebildet wird. Boden mit einer Gabel mehrmals einstechen und die Masse zügig einfüllen. Bei 200° ca 50 Min bei Ober- und Unterhitze backen.

Tipp: Noch warm mit Zimtsahne servieren.

Sortenküche

Spaghettikürbis

Den kuriosen Namen bekam der Kürbis von seinem Fruchtfleisch, das nach dem Garen in spaghettiähnliche Fasern zerfällt. Der Ursprung liegt in Japan. Für ein Rezept (4 Personen) legen Sie bitte 3-4 kg Kürbis zugrunde. Es fällt noch Abfall an.

Sorten: Tivoli, Hasta la Pasta (orangenes Fleisch), Vegetable Spagetti

Grundrezepte

Wasserbad: Nach dem Reinigen wird der Kürbis im Ganzen in einem Wasserbad mit etwas Salz gekocht. Wichtig ist, dass der Kürbis erst in das Wasser gegeben wird, wenn das Wasser bereits kocht. Anschließend evtl. über einem Sieb abtropfen lassen und die Schale lösen.
Garzeit: ca ½ Std, je nach Größe.
Nachteile: Der Kürbis zieht meistens viel Wasser und kostbare Nähstoffe schwemmen aus. Dann sind anschließend auch sehr viele Kochgeräte zu reinigen. Das kostet wieder unnötig Zeit.

Backofen: Den Kürbis waschen, halbieren, Kerne auslösen und mit der aufgeschnittenen Seite nach oben auf ein mit Backpapier ausgelegtes Backblech legen. Bei 170° Umluft je nach Größe ca 35 Min garen. Anschließend die Schale einfach vom Kürbis herunterschieben.
Vorteile: Die Nährstoffe bleiben im Kürbis. Er gart im eigenen Saft und ist sehr viel geschmackvoller. Man muss fast nichts reinigen, wenn man mit Backpapier arbeitet. Weiter ist es gut vorzubereiten und es verlangt in der Zwischenzeit wenig Aufmerksamkeit.
Auch eine Garprobe lässt sich so gut durchführen: Einfach mit einer Gabel prüfen, ob man die Fasern schon auslösen lassen.

Tipp: Manchmal kann schon ein edler Tropfen aus einem einfachen Gericht etwas Besonderes machen!

Spaghettiria nach Bologneseart

3 kg Kürbis
Soße: 350 g gemischtes Hackfleisch, 1 Zwiebel gewürfelt, 2 ausgedrückte Knoblauchzwiebeln, 1Essl Margarine, 1 Dose Tomaten, Salz, Pfeffer, Oregano, Parmesan, etwas gehackte Petersilie.

Kürbis im Backofen garen. Von der Schale befreien und in einer Schüssel warm halten. Für die Soße Zwiebel in einem Essl Margarine glasig dünsten und das Hack dazugeben. Tomaten grob zerkleinern und samt der Soße der Hackmasse zufügen. Mit Salz, Pfeffer, Knoblauch und Oregano abschmecken. Etwas einkochen lassen. Soße in eine Schüssel geben und mit Petersilie garnieren. Dazu Parmesan reichen.

Spaghettikürbissuppe Chinesische Art

1 kleiner Spagettikürbis, 1 l Gemüsebrühe, 1 kl Dose Chinagewürz, 1 Hähnchenbrustfilet (ca 150 g), 1 kl Frühlingszwiebel, Salz und weißer Pfeffer.

Kürbis nach Grundrezept im Backofen garen. Hähnchenbrustfilet im halbgefrorenen Zustand in hauchdünne Scheiben schneiden. In die Brühe geben und ein paar Minuten köcheln lassen. Die Fasern des Kürbis auslösen und in 3 cm Länge schneiden. Ca 300 g werden benötigt. Die Frühlingszwiebel hacken. Kürbisfleisch, Zwiebel und Chinagewürz zu der Suppe geben und mit Salz und Pfeffer abschmecken.

Spaghettikürbis mit Kürbiskernpesto

3 kg Spaghettikürbis,6 Knoblauchzehen, etwas Sonnenblumenöl
Pesto: 100 g Kürbiskerne -Natur, 1 mittlere Knoblauchzehe, 1 Bund frisches Basilikum, 25 g möglichst frischer Parmesan. 1 Essl heller Balsamicoessig, 150 ml Olivenöl, Salz, Pfeffer.

Spaghettikürbis vorbereiten und mit Öl bepinseln.
Knoblauchzehen in dünne Scheiben schneiden. Den Kürbis damit belegen und im Ofen garen. Für das Pesto die Kürbiskerne in einer beschichteten Pfanne rösten. Basilikum waschen, trockentupfen und abzupfen. Schale von der 2ten Knoblauchzehe entfernen. Kerne, Basilikum, Knoblauch, Parmesan, Essig und Olivenöl in eine Schüssel geben und mit einem Passierstab, oder im Mixer zu einem Brei pürieren. Mit Salz und Pfeffer abschmecken. Den Knoblauch von dem gegarten Kürbis entfernen, Fruchtleisch lösen und in den Fruchtschalen mit dem Pesto anrichten.

Gorgonzolaspaghettiria

3 kg Spaghettikürbis
Soße: 200 g Gorgonzola (alternativ geht auch anderer Blauschimmelkäse), 1 Becher Sahne, Salz, Pfeffer und etwas gehackle Pelersilie.

Spaghettikürbis nach Grundrezept im Backofen garen. Für die Soße den Gorgonzola in große Stücke schneiden und mit der Sahne in einem Topf unter Rühren erhitzen bis er sich auflöst. Bei kleiner Hitze etwas reduzieren (eindicken). Den Kürbis nach dem Garen aus der Schale lösen und Portionen auf Tellern anrichten, die Soße darauf verteilen. Mit Petersilie bestreut servieren.

Tipp: Den Charme entwickelt dieses Gericht aus den gut gereiften Tomaten und dem frischen Basilikum, das erst kurz vor dem Servieren in die Tomatensauce kommt.

Hierzu passt ausgezeichnet ein Weißwein, der leicht, frisch und fruchtig ist.

Knoblauchsphagetti

3 kg Spaghettikürbis
Butter: 6 von Schalen befreite Knoblauchzehen etwas Salz, 175 g weiche Butter, 1 Essl frischer Schnittlauch.

Spaghettikürbis nach Grundrezept im Backofen garen. Für die Knoblauchbutter die Knoblauchzehen in die weiche Butter drücken und etwas Salz darüber streuen. Mit einem Passierstab die Butter aufschlagen, so dass sie etwas heller wird. Dabei darauf achten, dass die Zehen mit zerkleinert werden.
Fruchtfleisch aus der Schale lösen, die Butter darüber verteilen und noch einmal für einige Minuten in den Backofen geben. Mit Schnittlauch garniert servieren.

Tipp: Dazu etwas geröstetes Weißbrot reichen!

Spaghettilasagne

2 ½ kg Spagettikürbis, 750g frische Champignons, 1 Essl Butter, 2 gew. Zwiebeln, 4 gew. Tomaten, 1 gehackte Knoblauchzehe, Kräuter der Povence, Salz, Pfeffer, Paniermehl. Soße: 2 Essl Butter, 4 Essl Mehl, 500 ml Milch, 2 Essl Parmesan. Etwas Fett für die Form.

Spaghettikürbis im Backofen garen. Fasern auslösen. Champignons waschen, in Scheiben schneiden und zusammen mit den Zwiebeln, Tomaten und dem Knoblauch solange dünsten, bis das überflüssige Wasser überwiegend abgedampft ist. Mit Gewürzen abschmecken. In der ausgefetteten Form immer abwechselnd Spagettikürbis und Gemüse einschichten, dabei jeweils die Kürbisschicht mit Paniermehl betreuen. Für die Soße die Butter in einem Topf erhitzen und das Mehl hinzufügen, mit der Milch ablöschen. Abschmecken. Die Soße als letzte Schicht auf die Lasagne geben und mit Parmesan bestreuen. Bei 180° Ober- und Unterhitze ca 40 Min backen.

Spaghettisalat

1 kg Spaghettikürbis, je 2 Essl Kürbiskerne, Walnüsse und Pinienkerne, 3 Essl dunkler Balsamicoessig, 6 Essl Kürbiskernöl, flüssiger Süßstoff, 1 Prise Salz, etwas Feldsalat zur Garnierung (Kräuter gehen aber auch)

Kürbis wie beschrieben im Backofen garen. Nüsse in einer Pfanne kurz anrösten und auskühlen lassen. Die Nüsse dann in einen stabilen Gefrierbeutel geben und mit einem Nudelholz darüber rollen. Kürbis nach dem Backen von der Schale befreien und die Spaghettifasern lösen. Auf Portionstellern anrichten und die zerkleinerten Nüsse darüber streuen. Essig und Kernöl aufschlagen. Mit Salz und Süßstoff abschmecken und über den Salat geben. Mit Feldsalat garniert servieren.

Engelshaar

1 kg vorbereitetes Fruchtfleisch vom Spaghettikürbis, Saft von 2 Zitronen, Schale von unbehandelten Zitronen, 1 kg Gelierzucker 1:1.

Sollten die Fasern noch sehr lang sein, dann etwas verkürzen. Fruchtfleisch mit Zitronensaft und Zitronenschale verrühren. Den Gelierzucker hinzufügen und nach Anleitung zum Kochen bringen. Heiß in vorbereitete Gläser füllen und sofort verschließen.

Diese Marmelade schmeckt sehr frisch. Der Geschmack kann durch Zugabe von Zimt und Nelkenpulver variiert werden. Das „Engelshaar“ hat eine lange Tradition in Spanien und Frankreich. Ursprüngliche Rezepte werden auch mit dem Feigenblattkürbis zubereitet. Sollte die Marmelade zu dünnflüssig geraten sein, etwas Gelfix verwenden.

Gefüllter Turbankürbis mit Couscous

1 großer Turbankürbis, 150 g Couscous, 1 rote Paprikaschote gewürfelt, 1 kleine Zucchini geraspelt, 1 Zwiebel gewürfelt, 2 Knoblauchzehen gehackt, 400 g Hack, 1 Essl Olivenöl, 2 Eier, Paprika, Pfeffer, Salz.

Kürbis waschen, den Deckel abschneiden und von den Kernen und groben Fasern befreien. Hack in Olivenöl anbraten. Alle weitere Zutaten hinzufügen und mit den Gewürzen abschmecken. Den befüllten Kürbis im Ofen bei 170° Ober- und Unterhitze ca 1 ½ Std. Nach einer Stunde schon einmal eine Garprobe machen und die Haube/Deckel in den Ofen legen.

Tipp: Mit Deckel servieren. Dazu passt Salat und etwas Weißbrot! Die Füllung kann auch für andere Kürbisarten verwendet werden.

Oft werden die Turbankürbisse nur zur Zierde genutzt. Sie sind aber auch sehrschmackhaft!

Golden Nugget

Ein toller kleiner Portionskürbis in einem leuchtenden Rot bis Orange. Er wird nur bis zu 450 g schwer und hat ein schönes oranges Fruchtfleisch. Er wächst buschig, so dass er auch in einem kleineren Garten Platz findet. Schön auch, dass oft schon die ersten Früchte ab Mitte August erntefähig sind. Seine überaus gute Lagerfähigkeit ist ein weiteres Plus. Vorausgesetzt, die Wachstums- und Erntebedingungen sind nicht zu ungünstig.

Nachfolgende Rezepte sind darauf ausgerichtet, dass die Speisen im Kürbis serviert werden. So etwas kann ein Gericht oder ein ganzes Essen mit Gästen zu etwas Besonderem machen. Dafür empfiehlt es sich, den Kürbis im Ofen kurz anzuwärmen, da sonst die Speisen zu schnell erkalten. Der Golden Nugget lässt sich aber auch zu vielen anderen Rezepten verarbeiten.

Graupensuppe

4 Golden Nuggets, 30 g Zwiebelwürfel, 30 g Butter, je 1 rote und grüne Paprikaschote gewürfelt, 80 g Gerstengraupen, 1/8 l Sahne, Salz, Pfeffer, 4 frische Dillzweige, 4 Scheiben Toast, 1 Essl Butter.

Graupen über Nacht in Wasser einweichen. Von den gewaschenen Kürbissen das obere Drittel mit dem Stielansatz abschneiden die Kerne herausnehmen, das Fruchtfleisch auslösen und in kleine Abschnitte schneiden. In der Butter die Zwiebel andünsten. 2/3 des Kürbisfleisches zugeben und mit ¼ l Wasser aufgießen. Garen und pürieren. Graupen mit der Paprika und dem restlichen Kürbisfleisch zugeben und 15 bis 20 Min köcheln lassen. Sahne zugeben. Toast würfeln und in der Butter rösten. Suppe abschmecken und in die leicht erwärmten Kürbisse geben. Mit Dill garnieren, Deckel verschließen. Dazu Croutons reichen.

Rondinis

Die Rondinitypen gehören eigentlich in die Zucchinifamilie. Sie sind rund, meistens grün und werden bis ca 200 g schwer. Jung geerntet, die Schale glänzt dann wie bei länglichen Zucchinis, sind sie überaus zart und haben ein helles Fruchtfleisch. Lässt man sie aber ausreifen, so dass sie richtig steinhart in der Schale sind, ähneln sie einem Kürbis. Das Fruchtfleisch ist dann gelb bis orange und überaus schmackhaft. Außerdem sind sie so sehr lagerfähig. Es kann schon mal vorkommen, dass man auch im Januar noch Rondinis im Vorrat hat. Kurios: Sie sind die einzigen Zucchinis, die rankend wachsen.

Sortenauswahl:
Eight Ball, Gem 8001, Rolet, Rondini, Star, Pome d òr (gelb) und viele mehr.

In Südafrika und Kenia sind die Rondinis häufig anzutreffen. Dort werden Sie teilweise auch „Squashis“ genannt.

Grundzubereitungsarten:

Variante 1: Die Kugeln werden gewaschen, der Stiel wird weggedrückt und das obere Drittel wird abgeschnitten. Das etwas faserige Fleisch, in dem dann auch die Kerne sitzen, wird ausgelöst. Die Früchte werden mit etwas Wasser in eine Form gesetzt und so oder gefüllt im Backofen bei ca 180° gegart. Nachteil: Da sie so hart sind, lassen sie sich oft nur sehr schwer schneiden.

Variante 2: Die Kugeln werden gewaschen, der Stiel wird weggedrückt. Mit einer Pellkartoffelgabel oder einer Rouladennadel werden sie wenige Male angestochen(sonst platzen sie) und in reichlich kochendem Salzwasser ca 12-15 Min gegart. Sobald sich die Schale leicht eindrücken lässt, sind sie gut. Dann können sie angeschnitten werden und sind sofort zu essen, oder zu befüllen.

Vorteile: Diese Garmöglichkeit ist schneller. Da die Früchte ausgelöffelt werden, kann die auch nach dem Kochen stabile Schale zu Dekorationszwecken verwendet werden (z.B. Windlicht).
Jedes Kürbismenue wird mit so einem Entree etwas Besonderes.

Serviervorschläge:

- zerlassene Kräuterbutter
- etwas Kürbiskernöl
- Sour Creme
- eine vorbereitete Gemüsefüllung
- Geriebenen Käse einstreuen und noch einmal kurz überbacken
- Eine vorbereitete Hackfüllung einfüllen, mit Käse bestreuen und noch einmal kurz überbacken
- Zerlassene Butter mit Salz und Pfeffer

Minikürbisse

Dies sind die kleinsten Sorten bis ca 200 g schwer. In Orange, gelb und Weiß, deren Wert man in der Küche nicht unterschätzen sollte. Sie sehen dekorativ aus, haben also einen hohen Zierwert, sind aber auf der anderen Seite sehr geschmackvoll und lassen sich auf vielfältige Art zubereiten. Es ist allemal einen Versuch wert. Gegart schmeckt das Fleisch cremig-nussig. Der Clou: Servieren sie „Deckel".

Sortenbeispiele:
Jack be Little - flachrund, orange und gerippt
Sweetie Pie - wie Jack be Little ca 200 g schwer
Baby Boo - reinweiß, flachrund gerippt, bis 200 g
SweetDumpling - beige/grün gestreift,bis 500 g.
Puccini- weiß/gelb gestreift, bis 200 g

Zubereitung:

Die Kürbisse werden gewaschen und oben an der Kappe eingeschnitten. Nur die Kerne werden ausgelöst. Dann können sie in eine Form gesetzt werden und bei ca 180° gebacken werden.

Füllbeispiele für Minikürbisse

Mit Schafkäse:
4 Kürbisse, ca 100 g Schafkäse, 2 Knoblauchzehen gehackt, etwas Olivenöl. Kräuter zum Dekorieren.

Kürbisse wie beschrieben vorbereiten. Knoblauch mit Olivenöl vermengen und mit dem Käse glatt rühren. Bei 180° ca 35-40 Min backen. Mit Deckel und Kräutern servieren.

Mit Camenbert:
4 Kürbisse, ca 100 g Camenbert. Etwas Cranberry-oder Preiselbeerkompott.

Kürbisse wie beschrieben vorbereiten. In eine Form setzen und ca 1 cm Wasser einfüllen. 20 Min backen. Dann den Käse grob zerkleinert hineingeben. Weitere 10 - 15 Min backen. Mit Deckel servieren und Kompott dazu reichen.

Acorn - Kürbisse

Acornkürbisse sind eichelformige, gerippte Kürbisse. Es gibt sie in unterschiedlichen Farben und Größen. Gegart wird ihr Fruchtfleisch cremig, schmeckt je nach Sorte nussig bis süß. In Amerika haben Acorns seit langem einen hohen Stellenwert in der Küche. Auch sie sind dekorativ und leicht zuzubereiten. Sie wachsen buschig, sind z. T. ab Mitte August erntefähig. Dazu haben sie zumeist eine gute Lagerfähigkeit. Unabhängig von der Farbe außen, ist ihr Fruchtfleisch hellgelb bis cremefarben.

Sortenbeispiele:

Mesa Queen: dunkelgrün, gerippt, frühe Sorte
Creme of the Crop: Weiß, gerippt.
Table Gold: gelb/orange, gerippt.
Table King: grün, gerippt.

Alufolienacorns

Für alle folgenden Rezepte werden die Acorns gewaschen, der Stiel entfernt, halbiert und die Kerne entnommen. Mit einer Gabel wird mehrfach eingestochen. Garprobe: Mit einer Gabel einstechen. Wenn sie weich sind, sind sie gut und können ausgelöffelt werden.

Zimtacorn

2 Acornkürbisse, Butter, Puderzucker und Zimt.

Die Kürbisse nach Angabe vorbereiten mit Butter belegen und Puderzucker und Zimt bestreuen. Auf ein Stück Alufolie setzen, verschliessen, und bei 180° ca 20-25 Min garen.

Honigacorn

2 Kürbisse, Butter, flüssiger Honig, Muskat.

Die Kürbisse nach Angabe vorbereiten. Mit Honig einstreichen. Butter auflegen und mit Muskat bestreuen. Bei 180° 20-25 Min in Folie backen.

Herzhafter Acorn

2 Kürbisse, Knoblauchöl, Salz, Pfeffer.

Die Kürbisse nach Angabe vorbereiten und auf ein Stück Alufolie setzen. Gut mit Knoblauchöl bestreichen und mit Salz, Pfeffer bestreuen und verschließen. Bei 180° 20-25 Min backen.

Paprikaacorn

2 Acorns, 2 kleine Paprikaschoten gewürfelt, 1 Zwiebel gewürfelt, Olivenöl, 2 Knoblauchzehen fein gehackt, Salz und Pfeffer. Frische Petersilie.

Die Kürbisse nach Angabe vorbereiten und auf ein Stück Alufolie setzen. Zwiebeln, Knoblauch und Paprika kurz in Olivenöl andünsten. Mit Salz und Pfeffer abschmecken. Die Füllung in die Kürbisse geben und verschliessen. Bei 180° ca 20-25 Min backen. Mit Petersilie bestreut servieren.

Delikata

Diese Sorte ist nicht zu unterschätzen! Sie ist beige-grün/gestreift, länglich bis zu 20 cm lang. Das Fruchtfleisch ist cremefarben. Es gibt eine buschige und eine rankend wachsende Sorte. Sie ist gut lagerfähig.

Delikata mit Pfefferfrischkäse

2 Delikata, 125 g Pfefferfrischkäse (Tatare, Cantadou), 400 ml Hühnerbrühe. Petersilie.

Kürbisse halbieren, von den Kernen befreien. In einem geschlossenen Topf mit der Schnittfläche nach unten in ca 1 cm Brühe setzen. So ca 10 Min garen. Herausnehmen und den Käse (Zimmertemperatur) in die Kürbisse hineingeben. Mit Petersilie garniert reichen. Ein Leckerbissen!

Tipp: Reichen Sie dazu warmes Brot und ein Glas Weißwein.
Der Rezepttipp stammt von dem Kürbisfreund Michel Brancucci aus Basel.

Brotecke

Kürbiskräuterbrot

300 g Weizenvollkornmehl, 150 g helles Mehl, 1 Würfel frische Hefe, 100 ml Olivenöl, 175 ml handwarmes Wasser, 1 Tl Salz, schwarzer Pfeffer, 300 g Kürbis fein geraspelt, je 2 Essl Petersilie, Schnittlauch und Majoran, 4 Essl gehackte Kürbiskerne. Fett für die Brotform.

Aus Mehl, Hefe, Olivenöl und Wasser einen Hefeteig herstellen und gehen lassen. Kürbis, Kräuter, Kerne und Pfeffer mit der Masse verkneten und nochmals gehen lassen. In die ausgefettete Kastenform geben und oben etwas einschneiden. Bei 190° ca 60 Min backen und anschließend auskühlen lassen.

Tipp: Passt gut zu Herzhaftem und Grillgut aller Art!

Kürbiskernbrot

500 g gewürfeltes Kürbisfleisch, 550 g Mehl Typ 550, 1 Tl Salz, 1 Prise Zucker, geriebene Muskatnuss, 100 g Kürbiskerne, 1 P Trockenhefe.

Kürbisfleisch weich kochen. 300 g Mus mit Mehl, Salz, Zucker, Muskatnuss, Kürbiskernen und Trockenhefe in einer Schüssel zu einem Hefeteig verarbeiten. Eine Brot- oder Kastenform ausfetten und den Teig einfüllen. Glatt drücken und ein wenig einschneiden.
Bei 200° Ober- und Unterhitze ca 50 - 60 Min backen.

Weizenstuten

600 g Weizenmehl, 2/3 eines Hefewürfels, 2 Essl Zucker, ¼ Tl Salz, 250 ml Kürbispüree, 100 ml Sahne, Fett für die Form.

Hefe in ein kleines Glas bröckeln und den Zucker dazugeben. Mit einem Tl vermengen, bis alles flüssig ist. Mehl, Salz, Püree, Sahne und Hefegemisch in eine Schüssel geben und zu einem Hefeteig verarbeiten. Mehrmals gehen lassen und ausgiebig durchkneten. Sollte der Teig zu fest sein, etwas Püree dazugeben. Ist er zu weich, kommt etwas Mehl dazu. Eine Form ausfetten und den Teig einfüllen. Oben längs einschneiden. Bei 190° Ober- und Unterhitze ca 55 Min backen. Gut auskühlen lassen.

Gemüsebrot

500 g Mehl, 40 g Hefe, 1 Tl Salz, 250 ml dünnes Kürbispüree, 250 g Porree in Ringen, 250 g Kürbis geraspelt, 3 Essl Mehl, 100 g Margarine, 20 g Parmesan.

Porree kurz (ca. 3 Min) in kochendes Wasser geben. Gut abtropfen lassen. Porree, Kürbis mit 3 Essl Mehl und Margarine mischen. Alles mit Mehl, Hefe, Salz, Parmesan und Kürbispüree gut verkneten. Ausgiebig gehen lassen und noch einmal kneten. Einen Brotlaib formen und auf ein Blech legen. Mehrmals einstechen. Bei 190° ca 70 Min bei Ober- und Unterhitze backen.

Tipp: Dieses Brot macht sich hervorragend auf jedem Bufett, oder als Beilage zu gegrilltem!

K-K-Brot

500 g Mehl, ½ Würfel Hefe, 1 Tl Salz, 1 Essl. Öl, 200 ml warmes, dünnflüssiges Kürbispüree, 4 geriebene Pellkartoffeln, 150 g geriebener Kürbis.

Hefe mit Salz in einem Glas auflösen. Mehl, Hefe, Öl, Kürbiswasser, Kartoffeln und Kürbis zu einem Hefeteig verarbeiten. Ausgiebig gehen lassen und nochmals durchkneten. Eine große Kastenform ausfetten und die Brotmasse hineingeben. Einstechen.
Bei 190° ca 1 Stunde bei Ober- und Unterhitze backen.

Tipp: Man kann auch einen Anteil Vollkornmehl verarbeiten.

Sauerkrautkürbisbrötchen

500 g Mehl, 1 Packung Trockenhefe, 250 ml dünnflüssiges Kürbismus lauwarm, 1 Tl Salz, 100 g gewürfelter Frühstücksspeck, 2 Zwiebeln gewürfelt, 150 g Sauerkraut (etwas ausgedrückt), 150 g geraspelter Kürbis.

Alle Zutaten nacheinander zu einem Hefeteig verarbeiten. Ausgiebig gehen lassen und nochmals durchkneten. Zu kleinen Brötchen formen. Auf ein mit Backpapier ausgelegtes Backblech setzen. Bei 190° Ober- und Unterhitze ca 30 Min backen.

Superlecker!

Tipp: Der Teig ist naturgemäß recht feucht. Sollten sich die Brötchen schlecht formen lassen, etwas Mehl in die Hand nehmen! Diese Brötchen passen auf jedes Buffet. Auch alleine mit einem frischen Bier, oder zu allem Gegrilltem.

Kürbismöhrenbrot

125 g geraspelter Kürbis, 125 g geraspelte Wurzeln, 20 g Butter, 1 Essl Zitronensaft, Salz, 400 g Mehl, 30 g Hefe, 1 Prise Zucker, 170 ml Milch, 1 Tl Salz.

Kürbis und Wurzeln in der Butter kurz andünsten. Alle Zutaten miteinander zu einem Hefeteig verkneten. Einen Laib formen und längs einschneiden. Bei 220° 40 Min Ober- und Unterhitze backen.

Tipp: Dieser Teig lässt sich auch gut zu Brötchen verarbeiten.

Mehrkornbrot

500 g Mehl (halb Typ 405 + halb Vollkorn), je 50 g Sesam, Leinsamen, Kürbiskerne, SB-Kerne, 1 Würfel Hefe, 1/8 l Kürbiswasser, 1 Tl Salz, 250 g Naturjoghurt, 100 g geraspelter Kürbis.

Alle Zutaten miteinander zu einem Hefeteig verkneten. Ausgiebig gehen lassen. Nochmals durchkneten und einen Brotlaib formen. Längs einschneiden. Bei 220° 40 Min bei Ober- und Unterhitze backen.

Kürbislaugenbrötchen

Teig: 1 kg Weizenmehl, 1 Becher Schmand, 1 Würfel Hefe, 250 ml Kürbismus, 200 ml Milch, 1 Essl Salz.
Lauge: 30 g Kaisernatron, ½ l Wasser, etwas grobkörniges Salz.

Hefe mit Salz vermengen, bis sie flüssig wird. Mehl, Schmand, Hefe, Kürbismus, Milch zu einem Hefeteig verarbeiten. Ausgiebig an einem warmen Ort gehen lassen. Zu „Stangen“ ausrollen und in dicke Scheiben schneiden. Brötchen formen und über Kreuz einschneiden. Aus Wasser und Natron eine Lauge rühren. Brötchen dort ca 2 Min tauchen. Auf ein mit Backpapier ausgelegtes Backblech legen. Wenn alle getaucht sind, mit Salz bestreuen. 15 bis 20 Min bei 225° Ober und Unterhitze backen.

Tipp: Zum Tauchen kann man ein Gefäß wählen, in das mehrere Brötchen passen. Durch das Kürbismus gibt es gelbe Laugenbrötchen!

Süße Milchbrötchen

300 g fein geraspelter Kürbis, 300 g Weizenmehl, 1 Hefewürfel, 200 ml Milch, 75 g Zucker, 1 Essl Butter, 1 Ei.

Kürbis unter Rühren in einem Topf einige Minuten dünsten. Ausgetretenes Fruchtwasser abnehmen und etwas abkühlen lassen. Hefe mit Zucker verrühren, bis sie sich aufgelöst hat. In einer Schüssel Mehl, Kürbis, Hefe, Milch, Butter und Eie zu einem Hefeteig verarbeiten und ausgiebig gehen lassen. Mit einem Esslöffel Teig abstechen und zu Brötchen formen. Auf ein mit Backpapier ausgelegtes Backblech setzen und bei 200° Ober- und Unterhitze ca 30 Min backen.

Tipp: Der Teig sollte gut formbar sein. Wird er zu flüssig, etwas Mehl zugeben.

Zwiebelstange

500 g Weizenmehl (halb Vollkorn), 1 Packung Trockenhefe, ¼ l dünnflüssiges Kürbismus, 2 Tl Salz, 1 Dose geröstete Zwiebeln.

In einer Schüssel Hefe mit Mehl mischen. Kürbisflüssigkeit, Salz und Zwiebeln zugeben, ausgiebig verkneten und gehen lassen. Wiederholt durchkneten. Eine längliche Stange formen und auf ein mit Backpapier ausgelegtes Backblech geben. In Abständen etwas einschneiden und mit Mehl bestäuben. Bei 200° Ober- und Unterhitze ca 35 Min backen.

Tipp: Auch Brötchen können aus diesem Teig gut hergestellt werden.

Backstube

Mandarinenblechkuchen

Teig: 4 Eier, 1 Tasse Öl, 1 Tasse Zucker, 200 g Vanillepuddingpulver, ½ Tasse trockenes Kürbismus, 1 Backpulver.
Belag: 4 Dosen Mandarinen (abgetropft), 3 Becher geschlagene Sahne.
Guss: 400 ml Multivitaminsaft, 4 Pakete Vanillesoßenpulver Instand.

Die Zutaten für den Teig zu einer geschmeidigen Masse verrühren und auf einem mit Backpapier ausgelegtem Backblech gleichmäßig ausstreichen. Bei 175° ca. 25 Min. backen. Nach dem Auskühlen die Mandarinen auf dem Boden verteilen und die Sahne draufstreichen. Den Multisaft mit dem Soßenpulver verrühren. Sobald die Soße anfängt dicklich zu werden, auf der Sahne verstreichen.

Schnell und lecker!

Variante: Statt Mandarinen können auch Pfirsichescheiben, oder frische Mangos in Scheiben verwendet werden.

Mandelkuchen nach Paetows Art

300 g gewürfelter Kürbis, 250 g Butter oder Margarine, 250 g Zucker, 4 Eier, 500 g Mehl, 100 g gehackte Mandeln, 100 g Rosinen, 1 P Vanillezucker, 1 P Backpulver
Guss: 1 P Puderzucker, Rum

Kürbiswürfel mit etwas Wasser angießen und weich kochen. Über einem Sieb gut abtropfen, auskühlen lassen und pürieren. Sämtliche Zutaten zu einem Rührteig verarbeiten und auf ein mit Backpapier ausgelegtes Backblech streichen. 175° Ober- und Unterhitze ca 40-45 Min backen. Eine Garprobe machen. Anschließend auskühlen lassen und mit dem Guss aus Puderzucker und Rum überziehen.

Tipp: Statt Rum können Sie auch Zitronensaft für den Guss nehmen.

Schnell, lecker und hält lange frisch!

Blitzkuchen

250 g Kürbisfleisch, 150 g Zucker, 150 g Mehl, 100 g gemahlene Walnüsse, 50 g Honig, 4 Eier, 1 Tl Backpulver, 1 P Vanillezucker.

Kürbisfleisch fein raspeln. Eier und Zucker schaumig rühren. Übrige Zutaten hinzufügen und gut verrühren. Den Teig in eine gefettete Kastenform geben und die Form lose mit einem Stück Butterbrotpapier bedecken. Bei 180° ca 55 Min backen. Garprobe machen.
Den erkalteten Kuchen mit Puderzucker bestreut anrichten.

Lecker!

Hefezopf

300 g helles Weizenmehl, 150 g Weizenvollkornmehl, 1 Hefewürfel, 2 Essl Zucker, 1 Prise Salz, 50 g Butter, 1 Ei, 1 Prise Zimt, 100 g Rosinen, 300 ml flüssiges Kürbispüree, 50 g zerlassene Butter.

Mehl, Salz, Butter, Ei, Zimt, Rosinen und Kürbis-Püree in eine Rührschüssel geben. Zerbröckelte Hefe in einem Glas mit dem Zucker vermengen. Unter Rühren auslösen und dann zu den Teigzutaten geben. Alles zusammen gut durchkneten bis ein glatter Teig entstanden ist. An einem warmen Ort gehen lassen. Den so vorbereiteten Teig in 3 Teile teilen und lange Stränge ausrollen. Nebeneinander auf ein mit Backpapier vorbereitetes Backblech legen und zu einem Zopf verflechten.
Bei 170° Ober- und Unterhitze ca 45 Min backen. Butter zerlassen und nach dem Backvorgang den Zopf damit einstreichen.

Annelieses Paradiesischer Kuchen

Mürbeteig: 150 g Mehl, 50 g gemahlene Haselnüsse, 50 g Zucker, ½ Tl Zimt, 1 Prise Salz, 100 g Butter.
Belag: 400 g gehobeltes Kürbisfleisch, 400 g in Spalten geschnittene Äpfel, 400 ml weißer Portwein oder Sherry, 125 g Zucker, 100 ml Orangensaft, ½ Tl Kardamon, 1 ½ P Vanille-Puddingpulver, 200 ml Weißwein, 200 ml Sahne, 50 g Mandelblättchen, 2 Essl Puderzucker.

Aus den Zutaten einen Mürbeteig herstellen und ½ Std kühl stellen. Nach der Ruhezeit eine mit Backpapier ausgelegte Springform damit auslegen. Portwein, Zucker, Orangensaft und Kardamon aufkochen. Kürbis und Äpfel ca 5 Min in der Flüssigkeit dünsten. Abgießen und Flüssigkeit dabei auffangen. Puddingpulver mit Weißwein verrühren, die Flüssigkeit aufkochen und damit abbinden. Alles abkühlen lassen. Sahne steif schlagen und unter die Masse ziehen. Die Hälfte der Früchte auf den Teigboden auslegen und dann die Hälfte der Puddingmasse daraufschichten. Dann jeweils die zweite Hälfte der Früchte und der Puddingmasse darübergeben. Bei 180° ca 50 Min backen. 10 Min vor Ende der Backzeit die Mandelblättchen darüber streuen. Gut ausgekühlt servieren.

Wahrhaft ein Genuss, der die Mühe lohnt!

Kernölkuchen

250 g Mehl, 150 g Haselnüsse geröstet und fein gemahlen, 5 Eier, 250 g Zucker, 1 Vanillezucker, 1/8 l Kürbiskernöl, 50 g Naturjoghurt, 100 g Margarine, 1/2 Backpulver, Puderzucker.

Eier trennen und das Eigelb in eine Schüssel geben. Mehl, Haselnüsse, Zucker, Vanillezucker, Kernöl, Backpulver, Margarine und Joghurt ebenfalls in die Schüssel geben und zu einem Rührteig verarbeiten. Eiweiß steif schlagen und vorsichtig unter den Teig heben. Den Teig in eine gefettete Form geben, mit einem Butterbrotpapier bedecken und bei 170° Ober- und Unterhitze ca 50 Min backen.
Vor dem Servieren mit Puderzucker bestäuben.

Saftige Torte

1 kg Kürbis gewürfelt, 100 ml Sahne, 1 Prise Salz, 5 Eigelb, 150 g Zucker, 1 Vanillezucker, abgeriebene Schale einer unbehandelten Orange, etwas Zitrone, 200 g Mandelbläller, 150 g Mehl, 5 Eiweiß, 100 g Zucker, etwas Butter.

Kürbis mit Sahne und Salz in einem Topf ca 10 Min köcheln lassen und pürieren. Eigelb, Zucker und Vanillezucker schaumig schlagen und mit Mehl, Orangenschale, Zitrone und Kürbispüree mischen. Eiweiß mit 100 g Zucker steifschlagen und unter die Kürbismasse heben. In einer Springform für den Boden Backpapier einklemmen und mit Butter den Rand einfetten. Am Rand einen Teil der Mandelblättchen „ankleben". Masse einfüllen, mit den restlichen Mandeln bestreuen und bei 175° Ober- und Unterhitze 50 Min backen.

Tipp: Lässt sich toll vorbereiten. Schmeckt auch noch nach Tagen frisch und saftig.

Vanillemuffins

1 ¾ Tassen Mehl (gesiebt), ½ Tl Salz, ¼ Tasse Zucker, 2 Tl Backpulver
2 geschlagene Eier, 2-4 Essl geschmolzene Butter, ¾ Tasse Milch,
1 Tasse Kürbispüree, 1 gehäufter Tl Vanilla, 3 Essl gehackte Mandeln.

Mehl, Salz, Zucker und Backpulver in einer Schüssel vermengen. In einer seperaten Schüssel Eier, Butter und Milch zusammen aufschlagen. Die flüssigen Zutaten zu den festen geben und nur grob mit einer Gabel verrühren. Klumpen machen nichts. Kürbispüree, Vanille und Nüsse kurz unterheben. Den Teig Esslöffelweise in vorbereitete Muffinförmchen geben. Bei 200° ca 20 Min backen.

Tipp: Statt Mandeln kann man auch gehackte Walnüsse oder klein gehackte Marzipanrohmasse verwenden.

Pumpkinkekse

1 Tasse Margarine, 1 ½ Tassen Zucker, 1 Ei, 1 Tasse gekochtes Kürbispüree, 1 Tl Kaisernatron, 3 ½ Tassen gesiebtes Mehl, ½ Tl Salz, ½ Tl Zimt, ½ Tl Muskatnuss, ½ Tl Zimt, 1 Tasse Rosinen.

Margarine und Zucker schaumig rühren, Ei hinzufügen und gut mischen. Kürbispüree einrühren. Alle übrigen Zutaten zugeben und zu einem glatten Teig verarbeiten.
Den Teig teelöffelweise auf ein mit Backpapier ausgelegtes Backblech setzen. Bei 180° etwa 8-10 Min backen.

Tipp: Reichen Sie diese Kekse z. B. einmal als Nachspeise. Noch handwarm mit einer Tasse Kaffee . Lecker!

Zimtmuffins

250 g Vollkornmehl, 2 Tl Backpulver, 3 Essl brauner Zucker, 1 Tl gemahlener Zimt, 75 g geschmolzene Butter, 2 Eier, 175 ml Milch, 1 säuerlicher Apfel geraspelt, 100 g Kürbis geraspelt.

Mehl, Backpulver, Zucker und Zimt mischen. Butter, Ei und Milch verrühren. Apfel und Kürbis zum Buttergemisch geben. Beide Mischungen mit einer Gabel locker vermengen. Den Teig Esslöffelweise in Muffinförmchen geben. Bei 200° Ober- und Unterhitze ca 20 Min backen.

Kürbiswaffeln

500 g Mehl, 200 g Margarine, 200 g Zucker, 3 Eier, 1 Vanillezucker, 1 Backpulver, Saft von 1 Zitrone, 450 ml dünnflüssiges ausgekühltes Kürbispüree . Puderzucker zum Bestäuben.

Mehl, Margarine, Zucker, Eier, Vanillezucker, Backpulver, Zitronensaft und Püree in eine Schüssel geben und zu einem Rührteig verarbeiten. Der Teig sollte gut gerührt sein, Zucker sollte aufgelöst sein. Waffeln ausbacken und mit Puderzucker bestreut anbieten.

Tipp: Statt 500 g Mehl, können Sie auch anteilig etwas Vollkornmehl nehmen. Auch lecker: 450 g Mehl und 100 g gemahlene Haselnüsse.

Kerniges Blech

400 g Mehl, 200 g Margarine, 5 Eier, 1 Vanillezucker, 1 Backpulver, 200 g ganze Haselnüsse, 2 Tassen geraspelte Äpfel, 2 Tassen geraspelter Kürbis, 50 g Zucker, 75 g geraspelte Schokolade, 1 Tl Zimt.
Guss: 250 g Puderzucker, 2 gehäufte Tl Zimt.

Mehl, Margarine, Eier, Vanillezucker, Backpulver und Zucker zu einem Rührteig verarbeiten, bis der Teig glänzt. Im Anschluss daran Nüsse, Äpfel, Kürbis und Schokolade unterrühren. Den Teig auf ein mit Backpapier ausgelegtes Backblech streichen. Bei 170° Ober- und Unterhitze ca 45 Min backen. Etwas abkühlen lassen und mit dem Guss aus Puderzucker, Zimt und etwas Wasser überziehen.

Tipp: Gut abgedeckt bleibt der Kuchen einige Tage saftig und frisch. Das halbe Rezept reicht für eine Springform.

Schichtkuchen „Golfbauernhof“

Mürbeteig: 300 g Mehl, 200 g Butter, 100 g Zucker, 1 Msp Salz.
Rührteig: 400 g Kürbisfleisch fein gewürfelt, 1 Essl Margarine, 12 Eier getrennt, 340 g Zucker, 1 Msp Salz, 2 Tl Zimt, etwas geriebene Schale von Zitronen und Orangen (unbehandelt), 100 g Mehl, 500 g gemahlene Mandeln (von ungeschälten), 200 g Orangeat.
Beträufelung: 2 Orangen, 1 Zitrone, 80 g Zucker, 40 cl Contreau.
Füllung: 240 g Orangenmarmelade, 160 g Mandelblätter, Puderzucker

Für den Mürbeteig alle Zutaten nacheinander zu einem glatten Teig verkneten und auf ein mit Backpapier ausgelegtes Backblech ausrollen. Bei 180° Ober- und Unterhitze 10 Min backen. Den Kürbis in Margarine weichdünsten und auskühlen lassen. 200 g möglichst trockenes Kürbisfleisch mit Eigelb, Salz, Zimt, Mehl, Mandeln, Orangeat, sowie Zitronen- und Orangenschale zu einem glatten Teig verarbeiten. Eiweiß mit Zucker steifschlagen und

vorsichtig unter die Teigmasse heben. Separat auf einem mit Backpapier ausgelegtem Backblech bei 200° Ober- und Unterhitze ca 30 Min backen.
Für die Beträufelung die Säfte mit dem Zucker aufkochen, abkühlen lassen und den Likör zugeben. Den Mürbeteig mit der Hälfte der Orangenmarmelade bestreichen. Den inzwischen abgebackenen Kürbisboden auflegen, mit der Orangenflüssigkeit tränken und mit dem Rest der Marmelade bestreichen. Die Mandelblätter in einer beschichteten Pfanne rösten und den Kuchen damit bestreuen.

Tipp: Ein Kuchen der alle Mühe wert ist! Es ist ein Genuss den Sie genießen können, wenn Sie den Kuchen gut abdecken.

Das Rezept wurde mir freundlicherweise vom Golfbauernhof.de in Wiemersdorf überlassen.

Einmachküche

Senfrelish

3 kg Kürbisfleisch (geputzt gewogen), 1 kg Zwiebeln, 3 Essl Salz, 750 g Zucker, ½ l Apfelessig, 3 Essl Senf, 3 Essl Curry, 3 Essl Paprika, 1 - 2 Essl Cayennepfeffer, 3 Essl Mehl.

Kürbis und Zwiebeln raspeln, mit dem Salz vermengen und über Nacht kühl stehen lassen. Am nächsten Tag die Flüssigkeit abpressen und in einem Topf mit Zucker, Essig und Senf ½ Std köcheln lassen. Gewürze hinzufügen und Mehl mit etwas Wasser verrühren und Relish binden. Heiß in vorbereitete Twist-Off-Gläser füllen und schnell verschliessen.

Ingwerkürbis süßsauer nach Schwarz Art

2 kg Kürbisfleisch in Würfeln, 800 g Zucker, 500 ml Apfelessig, 150 ml Apfelsaft, Saft von einer Zitrone, 100 g frischen Ingwer, 2 Zimtstangen, 2 Sternanis, 10 Gewürznelken.

Zucker, Essig, Apfelsaft und Zitronensaft in einen Topf geben. Ingwerschälen, fein raspeln und mit den übrigen Gewürzen hinzufügen. Die Flüssigkeit aufkochen, Kürbiswürfel hinzufügen. Sobald der Kürbis „glasig" wird, zügig in vorbereitete Twist-Off-Gläser geben und gut verschließen.

Tipp: Dieses Rezept lässt sich je nach Gewürzvorliebe beliebig abwandeln!

Pikantes Kürbismus

1,5 kg Kürbis gewürfelt, 500 g Gelierzucker 2:1, 20 g frisch geriebener Ingwer, Schale von 1 unbehandelten Orange, ¼ Tl Cayennepfeffer, je 1 Msp Nelken und Zimtpulver.

Kürbisfleisch in einem Topf knapp mit Wasser bedecken und ca 15-20 Min weich kochen. Über einem Sieb abtropfen lassen. 1 kg Kürbis zu Mus pürieren. Das Kürbismus in einem Topf mit Gelierzucker, Ingwer, Orangenschale und Gewürzen zum Kochen bringen. Sofort in vorbereitete Twist-Off-Gläser füllen und verschließen.

Eine tolle Beilage zu Wild und Ente, oder als Fonduesauce!

Tipp: Flüssigkeit und restliches Mus zur Herstellung von Brot oder anderen Backwaren nutzen!

Minzgelee

2 kg Kürbis gewürfelt, gut 1 l Wasser, 1 kg Gelierzucker, Saft von 2 Zitronen, 1 gehäufte Essl Minze gehackt.

Den Kürbis mit dem Wasser weich kochen. Über einem Sieb abtropfen lassen und die Flüssigkeit auffangen. ¾ l abgekühlten Saft mit Gelierzucker und Zitronensaft mischen und zum Kochen bringen. Nach Packungsangabe einige Minuten kochen und unmittelbar vor dem Abfüllen die Minze hinzufügen. Twist-Off-Gläser danach schnell verschließen.

Tipp: Verwenden Sie das restliche Mus z. B. für die Herstellung einer Marmelade!

Bananenaufstrich

½ kg Bananen, ½ kg Kürbismus, 1 kg Gelierzucker, ½ Tl Zimt, ½ Tl Ingwer, je ¼ Tl Nelken und Muskat, Saft von 2 Zitronen.

Bananen mit einem Stampfer zerdrücken und mit den Kürbismus vermischen. Gelierzucker, Gewürze und Zitronensaft zugeben und unter ständigem Rühren zum Kochen bringen. Noch heiß in vorbereitete Twist-Off-Gläser füllen und sofort verschließen.

Tipp: Menge der Gewürze kann nach Belieben abgewandelt werden.

Paprikarelish

800 g Kürbis, 400 g Zucchini, 2 Paprika, ¼ Tl Salz, 1 walnussgroßes Stück frischer Ingwer, ¼ l Ostessig, 1 kg Gelierzucker 1:1, 1 Gelfix.

Kürbis und Zucchini fein raspeln, mit Salz vermischen und Wasser 2 Std ziehen lassen. Paprika in gleich große Streifen raspeln. Ingwer fein reiben. Kürbis und Zucchini vom abgesonderten Wasser befreien. Mit Paprika und Ingwer mischen. Essig und Zucker und Gelfix zufügen. Nach Anweisung 3-4 Min kochen. In vorbereitete Twist-Off-Gläser füllen und sofort verschließen.

Tipp: Dieses Relish eignet sich gut als Beilage zu Fondue, Gegrilltem, Fleisch- und Fischgerichten. Geöffnete Gläser immer im Kühlschrank aufbewahren.

Rezeptvorschlag: Etwas geschnetzeltes Geflügel andünsten und ein Glas Relish untermischen. Dazu Reis reichen.

Mangochutney

1,5 kg Kürbis (Hubbardsorte), 3 Mangos, 400 g Äpfel, 1 große frische Ananas, 1 kg kernlose Weintrauben, 4 rote Paprika, 3 Tl gemahlener Ingwer, 1 Chillischote, 100 ml Honigessig (Ersatzweise Apfelessig), 4 Tl Curry, Salz, 350 g Honig.

Kleinste Würfel schneiden von: Kürbis, geschälten Mangos, geschälten Äpfeln und geschälter Ananas. Weintrauben waschen und von den Stängeln befreien. Paprika klein würfeln. Alles in einen großen Topf geben. Chillischote fein würfeln und zufügen. Ingwer und Essig zugeben und mit Curry, Salz und Honig abschmecken. Das Chutney muss 2-3 Stunden köcheln, dabei beständig umrühren, bis es eine cremige Konsistenz hat. Fruchtwasser darf nicht mehr gesondert absetzen. Noch heiß in vorbereitete Twist-Off-Gläser füllen und sofort verschließen.

Gewürzchutney

1,5 kg Kürbis, 300 g brauner Zucker, 40 g frischer Ingwer, 3 Mangos, 6 frische Nektarinen, 5 Essl ungeschwefelte Rosinen, 2 Essl Senfkörner, 2 Essl rote Pfefferkörner, 1 Essl Zimt, 1 Stück Sternanis, 5 Tl Salz, 300 ml Honigessig.

Kleinste Würfel von: Kürbis, gewaschenen und geschälten Mangos, Nektarinen. Alles zusammen in einem Topf mit Zucker, geriebenem Ingwer, Rosinen, Senfkörnern, Pfefferkörnern, Zimt, Anis, Salz und Essig mischen. Kurz aufkochen und dann die Hitze zurücknehmen. Ca 2 Stunden köcheln lassen, bis sich eine cremige Konsistenz einstellt.
Sofort in vorbereitete Twist-Off-Gläser füllen und schnell verschließen.

Apfel-Calvados-Traum

400 g vorbereitetes Kürbismus, 700 g Äpfel (geputzt gewogen), Saft von 1 Zitrone, 4 Cl Calvados, 1 kg Gelierzucker 1:1

2/3 der Äpfel mit einer halben Tasse Wasser mürbe dünsten. Ausgetretenes Wasser abschöpfen und Äpfel zerstampfen. Kürbis mit Äpfeln und Zitronensaft mischen. Restliche Äpfel raspeln und dazugeben. Zucker einrühren und nach Anweisung ca 3 Minuten kochen-. Kurz vor dem Abfüllen den Calvados unterrühren. In vorbereitete Twist-Off-Gläser füllen und sofort verschließen.

Tipp: Schmeckt auch ohne Calvados.

Getränkebar

Beerenbowle

200 g Kürbis(Muskatsorte), 250 g gefrorene Beeren (Himbeeren o.ä.), 4 Essl Ahornsirup, 1 l Apfelsaft oder weißer Traubensaft. Einige Zitronenmelisseblätter.

Den Kürbis in feinste Würfel schneiden. Ahornsirup mit dem Saft vermischen. Die Früchte dazumischen und ein paar Stunden durchziehen lassen. Mit Zitronenmelisseblättern garniert anreichen.

Tipp: Eine wunderbare alkoholfreie Bowle. Mit dem passenden Obstbrand angereichert, ergibt sich die „beschwipste“ Variante!

Hexencocktail

200 ml flüssige Sahne, 200 ml flüssiges Kürbispüree, 500 ml Orangensaft, 4 cl weißer Rum, 6 cl Blue Curacao. Etwas Zitronenmelisse.

Alle Zutaten gründlich miteinander vermixen. Mit einem Eiswürfel und Zitronenmelisse dekoriert servieren.

Tipp: Superlecker ist auch die alkoholfreie Variante, bei der statt Curacao der entsprechende Barsirup verwendet wird!

Powersaft

250 ml Orangensaft, 150 ml Grapefruitsaft, 150 ml Johannisbeersaft, 250 ml dünnflüssiges Kürbispüree, 2 Essl Zucker, ersatzweise auch flüssiger Süßstoff. Blätter von Zitronenmelisse.

Alle Säfte, Zucker und Kürbis gründlich miteinander mischen. In Gläser füllen, mit einem Eiswürfel und dekoriert mit Melisse anreichen.

Tipp: Besonders geeignet für Menschen mit säureempfindlichem Magen, denn der Kürbis gleicht viel aus!

Buttermilch Tropical

1 reife Mango, 3 reife Nektarinen, etwas Maracujabarsirup, 450 ml Buttermilch, 200 dünnflüssiges Kürbispüree. Einige Eiswürfel und Minzeblätter.

Mango und Nektarinen waschen. Nektarinen halbieren, die Kerne auslösen und grob zerteilen. Mango schälen. Fruchtfleisch bis zum Kern herunterschneiden und in grobe Stücke zerteilen. Früchte mit einigen Eiswürfeln in einen Mixer geben und pürieren. Fruchtmus mit Kürbis, Buttermilch und Sirup mischen. Mit Minzeblättern dekoriert servieren.

Frisch und lecker! Der große Durstlöscher!

Thanksgiving in Amerika

Thanksgiving in Amerika

Thanksgiving ist einer der größten amerikanischen Feiertage. Der Kürbis ist in der Küche dabei in fester Bestandteil. Es ist ein Dankfest, bei dem daran erinnert wird, dass die Hilfe der amerikanischen Ureinwohner das Überleben der ersten Siedler ermöglichte. Seit einem Erlass von Abraham Lincoln wird Thanksgiving immer am vierten Donnerstag im November gefeiert. Häufig wird es mit unserem Erntedankfest verglichen, reicht aber viel länger in seiner Tradition in Amerika zurück. Traditionell wird hierzu Truthan (Pute) serviert. Dazu werden verschiedene Beilagen gereicht, die zwar nach Landstrichen variieren, aber im Grunde doch in etwa gleich sind. Wichtig ist die Zusammenstellung aus weißem, orangenem und grünem Gemüse in Erinnerung an die Zutaten, die die Indianer den Siedlern geschenkt haben. Die meisten Familien reichen deshalb Kartoffelpüree, Kürbismus, Mais und grüne Bohnen oder Brokkoli. Dazu gibt es die in Amerika beheimatete Cranberry und

natürlich den ganzen Puter, der mit Fleisch, Brot und Gemüse gefüllt wird.
Zum Nachtisch werden Pies, amerikanische Pasteten, serviert. Üblicherweise mit Apfel- oder Kürbisfüllung und entweder gedeckt, oder mit einer Garnitur aus geschlagener Sahne und gehackten Nüssen.

Da der Hauptgang recht üppig ist, wird der Nachtisch häufig erst einige Stunden nach dem Puter serviert. Dazu werden Kaffee oder warmer Apfelsaft gereicht.

Nachstehend erhalten Sie die original amerikanischen Rezepte (für 8 Personen) zur Zubereitung eines Thanksgivingdinners.
Bedanken möchte ich mich an dieser Stelle ausdrücklich bei meiner „Kürbisfreundin" Michaela Prechel, die einige Zeit in Amerika gelebt, mir Ihre Erfahrungen mitgeteilt und Rezepte zur Verfügung gestellt hat.

Cornbread (Maisbrot -für die Füllung)

¾ Tasse Mehl, 2 ½ Tl Backpulver, 1 Essl Zucker, ¾ Tl Salz, ¼ Tassen Maismehl, 1 verquirltes Ei, 3 Essl geschmolzene Butter, 1 Tasse Milch.

Alles Mehl, Backpulver, Zucker und Salz gut vermengen. Separat Ei, Butter und Milch gut verrühren und zu der Mehlmischung geben. In eine ausgefettete Kastenform geben und bei 200° ca 25 Min goldbraun backen. Es muss sich vom Rand gelöst haben.

Tipp: Das Brot muss am Vortag zubereitet werden.

Beilagen

Cranberrysauce

2 Tassen Cranberrys, 2 Tassen Wasser, 2 Tassen Zucker.

Die Zutaten unter ständigem Rühren zum Kochen bringen. Kurz aufkochen lassen und bei niedriger Hitze beständig weiterrühren, bis die Sauce sich reduziert hat.

Tipp: Wichtig ist das Mischungsverhällnis 1:1 der Zutaten.

Mashed Potatoes (Kartoffelpüree)

1 kg Kartoffeln, 2 Tassen Milch, etwas Butter, 2-3 ausgepresste Knoblauchzehen, Salz, Pfeffer und Muskat.

Kartoffeln gründlich waschen und in reichlich Wasser mit Salz weichkochen. Gerne können Sie zerfallen. Wasser abgießen und zerstampfen. Butter, Milch, Knoblauch und Gewürze zugeben und einen glatten Brei herstellen.

Tipp: Sie lesen richtig. In Amerika wird die Schale an den Kartoffeln belassen. Es werden dort nur „weißfleischige“ Kartoffeln verwendet.

Pumpkin Puree (Pro-Person-Rezept)

Pro Person 200 g Kürbismus, 1 Essl Ahornsirup, 1 Essl gehackte Pekannüsse (oder Walnüsse), 30 ml Sahne, Muskat.

Mus mit Sirup, Nüssen und Sahne vermischen und mit Muskat abschmecken.

Tipp: Es eignet sich hierfür gut der Buttercup - Kürbis oder auch der Butternut.

Green Beans (Grüne Bohnen)

Ca 1 kg grüne Bohnen, etwas Bacon, 1 Essl Butter und Salz.

Bohnen in etwas Salzwasser garen. Bacon würfeln, in der zerlassenen Butter dünsten. Die Bohnen abgießen und mit Bacon/Butter übergossen servieren.

Turkey filling (Amerikanische Truthahnfüllung)

100 g Rosinen, etwas Rum, 4 kg Truthan, 2 grobe und ungebrühte Bratwürste, 1 Gemüsezwiebel gewürfelt, 1 Bund Stangensellerie gewürfelt, 300 g Maronen oder Wasserkastanien (Dose) gehackt, 2 säuerliche Äpfel gewürfelt, 250 g angetrocknetes Maisbrot gewürfelt, etwas Öl. Etwas frischer Koriander gehackt. Ca 200 g dünner, fetter Speck in Scheiben, dunkles Bier.

Das Fleischbrät der Bratwurst aus der Pelle lösen und in Öl kräftig anbräunen. Zwiebelwürfel dazugeben und mitbräunen. Rosinen abtropfen lassen, dabei die Flüssigkeit auffangen. Rosinen zu der Fleischmasse geben. Maronen, Äpfel und Maisbrot dazugeben und vermischen. Rosinen-flüssigkeit und Koriander unterheben und bei geschlossenem Deckel 5 Min dünsten. Etwas abkühlen lassen.
Den Puter von innen und außen ganz leicht salzen und pfeffern. Die Füllung hineingeben und den Puter vorne und hinten mit Holzspießen verschliessen. Von außen rundherum mit dem Speck belegen. Die Knochenenden mit

etwas Alufolie umwickeln, damit sie nicht so schwarz werden. Bei 200° ca 3 Stunden backen. Dabei regelmäßig mit dunklem Bier begießen.

Gravy (Amerikanische Sauce)

1 Becher Sahne, Portwein oder Madeira, Salz und Pfeffer.

Den Bratensaft vom Puter durch ein Sieb in einen Topf gießen. Verkrusteten Saft aus der Fettpfanne mit etwas Wasser lösen und zu dem übrigen Saft geben. Einköcheln lassen, bis sich die Flüssigkeit reduziert. Sahne und Portwein zufügen und mit Salz und Pfeffer abschmecken.

Pekan Pie

Teig: 1 Tasse Mehl, 2 Essl Zucker, ½ Tl Salz, 1 Eigelb, ½ Tl Vanilla, 1 Essl Zitronensaft, 6 Essl weiche Butter.
Füllung: ¼ Tasse Butter, 1 Tasse brauner Zucker, 3 Eier, ½ Tasse Rübensirup, 1 ½ Tassen gehackte Pekannüsse (oder Walnüsse), 1 Essl Rum, ½ Tl Salz. Etwas geschlagene Sahne zum Garnieren.

Mehl, Zucker und Salz gut vermengen. Eigelb, Vanilla und Zitronensaft dazugeben und cremig rühren. 6 Essl Butter unterkneten, bis sich ein Ball formt. In Frischhaltefolie wickeln und 45 Min kühl stellen. Ausrollen und eine runde Back- oder Pieform damit auskleiden. Den Boden mit getrockneten Erbsen oder ähnlichem beschweren. Bei 220° 10 Min backen und anschließend die Erbsen entfernen. Für die Füllung Butter und Zucker cremig rühren. Die Eier nacheinander unterschlagen. Rübensirup, Nüsse, Rum und Salz unterrühren. In die Schale geben und bei 180° 40 Min backen. Mit Sahne dekoriert servieren.

Pumpkin Pie

Teig: 1 Tasse gesiebtes Mehl, ½ Tl Salz, 1/8 Tasse Wasser, ½ Tasse Margarine (keine Butter). Füllung: 1 ½ Tassen Kürbismus, 1 ½ Tassen Sahne, ½ Tassen braunen Zucker, ¼ Tassen weißen Zucker, 1 Tl Zimt, ½ Tl Ingwer, 1/8 Tl gem Nelken, 4 leicht geschlagene Eier, 1 Tl Vanilla, 2 Tl Rum, ¾ Tasse gehackte Walnüsse.

Mehl und Salz vermengen und 1/3 davon abnehmen. 1/8 Tasse Wasser zu der abgenommenen Menge geben und cremig rühren. Margarine unter die Trockenmasse kneten. Beide Teile verkneten und zu einem Ball formen. 45 Min kühl stellen. Eine runde Form damit dünn auslegen und mit Erbsen beschweren. Bei 220° 10 Min backen. Erbsen entfernen und weitere 4 Min backen. Mus, Sahne, Zucker, Gewürze und Eier vermengen und im Wasserbad unter Rühren eindicken. Vanilla, Rum und Nüsse zugeben. Masse in die Teigschale füllen und bei 180° 40 Min backen.
Zum Garnieren einige Nüsse und Sahne nehmen.

Apple Pie

Teig: 2 Tassen Mehl, 1 Tl Salz, ¼ Tasse Wasser, 2/3 Tasse Margarine (zimmerwarm). Dosenmilch, 1 Eiweiß.
Füllung: 6-8 Boskop-Äpfel in Schnitzen, ½ Tasse Zucker, 1 Prise Salz, 1 Essl Speisestärke, ¼ Tl Zimt, 1/8 Tl Zimt, Zitronensaft, Butterflocken.

Mehl, Salz vermengen. 1/3 davon abnehmen und mit dem Wasser cremig rühren. Margarine in Flocken mit der Trockenmehlmasse verkneten. Beide Mischungen mit der Hand zusammen kneten. 45 Min im Kühlschrank ruhen lassen. Den Teig in 2 Teile teilen. Mit einem Teil eine runde Form auskleiden und mil elwas Dosenmilch und Eiweiß einpinseln. Äpfel, Zucker, Salz, Speisestärke, Zimt und Muskat vermischen. Alles auf dem Teigboden häufen. Mit Zitronensaft besprenkeln und Butterflocken belegen. Zweite ausgerollte Teighälfte auflegen und am Rand gut andrücken. Mit einer Gabel einstecken. Deckel mit Zucker bestreuen und mit Milch oder Eigelb bestreichen. Bei 200° 10 Min backen, dann die Hitze auf 180° reduzieren und weitere 45 Min backen.

Hot Apple cider (warmer Apfelsaft)

1 l naturtrüber Apfelsaft, 1 kleine Stange Zimt, 1 Nelke, 1 Prise Kardamon, 1 Essl Zitronensaft.

Alle Zutaten in einen Topf geben und kurz aufkochen lassen. Ein wenig abkühlen und ziehen lassen. Die Gewürze herausnehmen und noch warm servieren.

Viel Spaß bei der Zubereitung des Thanksgivingmenues!

Tipp: Laden Sie sich solche Gäste ein, die auch Freude an der Zubereitung haben. Das wird garantiert ein tolles Fest!

Halloween

Halloween

Mit dem Kürbis und dem Brauch um Halloween, ist eine alte Tradition verbunden, dessen Wurzeln bis zum keltischen Samhain zurückreichen. Ein irischer Dorfschmied (Jack O´Lantern) war so geizig, dass ihm sogar nach dem Tod der Zugang zur Hölle verwehrt wurde. Er wurde dazu verdammt, auf ewig nur mit einem glühendem Stück Kohle ausgestattet, herum zu ziehen. Das steckte er in seine Laterne (Runkelrübe). Irische Siedler brachten die Geschichte mit nach Amerika. Dort wurde dann aus der unansehnlich, schaurigen Rübenfunzel die Kürbislaterne.

Auch hierzulande findet der Brauch und Mythos um Halloween (All Hallows Eve - Allerheiligen) immer mehr begeisterte Anhänger.

Tolle Parties und Feste, die nach herzenslust zum Herstellen schaurigschöner Kostüme und zum Kochen von „Blutpudding“, Skelletkuchen und vielem mehr einladen, lassen dabei auch nichts an Spaß und Kreativität vermissen. Und immer mehr dreht sich dabei um den Kürbis. Das Schnitzen der Kürbisköpfe, die anschließend mit einer brennenden Kerze versehen werden, findet ebenso begeisterte Anhänger, wie das Umherziehen von Kindern am 31.10. in der Dämmerung. Ausgestattet mit kessen Sprüchen und den schaurigen Kostümen werden nach dem amerikanischen Motto: „Trick or Treat“ - (Süßes, oder Saures/Streich) Süßigkeiten eingefordert. Klappt das nicht, kann es schon einmal passieren, dass ein kleiner Streich ins Haus steht.

Kürbisfeste in Europa

Ein Tipp am Ende: Es gibt überall in Europa Kürbisfeste. Oft findet man viel Sehenswertes, tolle Leckereien und vor allem Kürbis!

Italien: I-33010 Venzone, Mitte Oktober. Info bei Roberto Forgiarini, Borga S.Giacomo 4.

Frankreich: Chateau de Luneville, Brigitte Bulanger, Mut `Imprime S.A., F-54303 Lunville.

Belgien: Festival of Fruits & Vegatables at Hex, Tourinnes St. Lambert. Michelle Coutier Tel: 03382 218

Niederlande : De Pompoenerie-Boerdering, 7831 HH Nievw, Tineke Huizing, Fax 0033591522664

Österreich : Kürbisiade in Ludersdorf/Gleisdorf. Info: Erika Seidl,8200 Ludersdorf 33, September

Schweiz: Kürbiswoche in Oberwil bei Basel. In 03 vom 17.10-9.11. Infos: Naturhistorisches Museum, Augustinergasse 2, CH-4001 Basel

Deutschland: Botanischer Garten München. Tel. 089 178613-10
Lehniner Kürbisfest/bei Potsdam, letztes Septemberwochende, Institut für Kunst im LLW eV., Am Klostersee 12b, 14797 Lehnin.
Kürbisfest in Wiemersdorf, 3.10. Infos bei www.Golfbauernhof.de oder www.Kuerbishof-Oppermann.de

Schweden: Erntefest auf Öland. Anfang Oktober 2003. Infos unter www.skordefest.nu

Weitere Informationen können jederzeit erfragt werden!

Kürbishof

Rezeptregister

Salatzauber

Quiche & Co

Sortenküche

Suppenzauber

Süße Träume

Thanksgiving in Amerika